组织就要 1+1>2

王安鑫　赵 峰　伍纯华　著

Power of Organization

企业管理出版社
ENTERPRISE MANAGEMENT PUBLISHING HOUSE

图书在版编目（CIP）数据

组织就要 1+1 ＞ 2 / 王安鑫，赵峰，伍纯华著 . —北京：企业管理出版社 , 2022.1

ISBN 978-7-5164-2474-2

Ⅰ. ①组… Ⅱ. ①王… ②赵… ③伍… Ⅲ. ①组织管理学 Ⅳ. ① C936

中国版本图书馆 CIP 数据核字 (2021) 第 175343 号

书　　名：组织就要1+1>2
书　　号：ISBN 978-7-5164-2474-2
作　　者：王安鑫　赵峰　伍纯华
策　　划：蒋舒娟
责任编辑：蒋舒娟
出版发行：企业管理出版社
经　　销：新华书店
地　　址：北京市海淀区紫竹院南路17号　**邮　　编：**100048
网　　址：http://www.emph.cn　**电子信箱：**26814134@qq.com
电　　话：编辑部（010）68701661　发行部（010）68701816
印　　刷：河北宝昌佳彩印刷有限公司
版　　次：2022年1月第1版
印　　次：2022年1月第1次印刷
开　　本：787毫米 × 1092毫米　1/16
印　　张：9印张
字　　数：82千字
定　　价：42.00元

序言

企业的核心竞争力有五大特征：偷不去、买不来、拆不开、带不走和溜不掉。优秀的团队精神就是企业的核心竞争力。

——北大光华管理学院 张维迎教授

组织能力是企业最难被超越的“护城河”！

当下企业的市场竞争，表面上看是产品、设备等有形资产之间的竞争，本质上是无形资产的团队与团队之间的竞争。

什么是组织？

什么是团队？

组织是按照一定的宗旨和目标建立起来的集体，团队是组织的一种。本书重点关注、讨论经营环境中的企业团队组织。

这里重点区分两个概念——群体和团队。

群体的英语单词是group，团队的英语单词是team。群体就是一群人，团队一定是群体，但群体未必是团队。

那么，群体与团队的区别是什么（见图1和表1）？

图1　群体与团队的区别

表1　群体与团队的区别

群体	团队
没有共同目标	有统一的目标
没有责任	责任明确
临时组建	有组织、有计划
1+1≤2	1+1＞2

罗伯特·迪尔茨在《集体智慧——创造生生不息的合作》一书中写道：团队就是一群人通过“共振”来运用集体智慧，也叫“谐振”。两个振动频率相同的物体，其中一个发生振动，另一个随之振动，这种现象叫作共振。

在群体中，共振与成员们感受到的成员之间的想法、价值观和目标的一致感和连接感有关。智力和情感上的共振是团队协作的动力，是集体智慧发挥作用的主要源泉。

随着社会发展和企业环境的变化，人们越来越依赖分工合作，进而突破个体能力的限制，追求更高更远的目标。

动物世界中，团队有三种类型。

第一种团队是螃蟹团队。

螃蟹被关在竹篓里，如果有一只螃蟹想要爬出去，下面的螃蟹就拼命拉这只螃蟹，最后谁也爬不出去。

第二种团队是蚂蚁团队。

蚂蚁团队目标一致，高效配合。对大部分种类蚂蚁而言，只要蚁后活着，蚁群就能延续下去，一旦蚁后死去，蚁群便会逐渐衰落，直到最后一只工蚁死亡。

第三种团队是大雁团队。

这种团队可以随时调整队形，任何一只大雁都可以根据天气状况和自身能力成为头雁。

不论是动物世界还是现实社会组织，总能用它特有的现象带给人们无限的启示。

本书的顺利出版承蒙同事和朋友的支持，对此不胜感激。感谢制作插图的同事，他们是林器君老师、唐希文老师、陈立江老师，工作之余协助制作PPT插图。感谢我的老同学，非著名书画家张晓辉，为本书提供创意并亲绘插图。

更要感谢的是一直关注我们、热爱我们的客户与伙伴，你们的认可是我们不断创作的动力。

我们期望本书能为企业家、职业经理人和人力资源管理从业者带来启发和帮助，这也必将激励我们怀着激情在管理领域持续不断地研究与创新，并向读者朋友介绍更有价值的管理方法与工具。

赵峰　于广州

2021年7月

目录

第一章

向大千世界学习组织管理

思考笔记

第一节
跟大雁学组织，从个人到团队

“大雁之所以能够穿越风雨、行稳致远，关键在于其结伴成行，相互借力。”

——2017年5月15日，国家主席习近平在“一带一路”国际合作高峰论坛圆桌峰会致辞。

大雁是一种候鸟，每年春分后成群结队飞往北方繁殖，寒露后飞往南方越冬。有些大雁的飞行路程远得惊人。例如，亚洲的斑头雁，飞行高度约9373米，通常会飞越喜马拉雅山脉，甚至珠穆朗玛峰，那里空气稀薄，最低温度可达零下50摄氏度。雪雁每年来回飞行路程超过8000千米，从北美洲的极地飞到北美洲中部，时速达到每小时约80千米，甚至更快。

每一次迁徙都要持续1~2个月，大雁飞行路程长达万里。迁徙过程中，大雁可能会遭遇猎人的袭击，面临狂风暴雨、电闪雷鸣，以及寒流与缺水的威胁。

迁徙过程中，大雁总是几十只、数百只，甚至上千只汇集在一起，以每小时68~90千米的速度飞行。迁徙途中，

思考笔记

它们排着一定的队形飞行，我们称它们的队形为雁阵。在整个迁徙过程中，没有一只大雁会任意飞行或擅自离开，它们始终在一起，排着整齐的队伍飞行，每一年它们都能成功迁徙，依靠的就是团队精神！

那么，我们能从雁群中学习到哪些可以运用到企业经营管理中的智慧呢？

一、雁群组织架构

雁群内部有着明确的分工与合作。有的大雁负责领队，有的大雁负责觅食，有的负责放哨。

例如，雁群中途休息，年轻强壮的大雁负责觅食、照顾老弱病残，领头大雁抓紧时间休息，恢复体力。雁群进食时，巡逻放哨的大雁一旦发现天敌靠近，便会长鸣示警。

雁群组织架构如图2所示。对比企业组织架构（见图3），会给我们一定的启发。

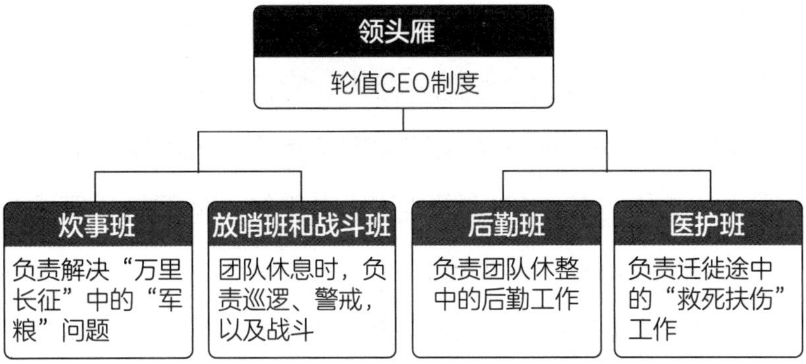

图2 雁群组织架构

思考笔记

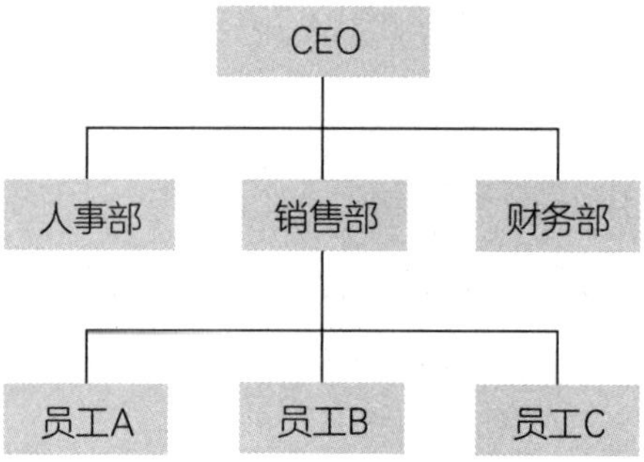

图3　企业组织架构

虽然雁群没有严格的奖罚制度，但是大雁都能遵守纪律，靠的是什么呢？靠的是它们有一致的目标。经过反复“宣导”，目标已成为每只大雁的本能。

二、领导力

雁群是组织性和团队性非常强的群体，它们始终以有序的队形飞行，或“一”字形或“人”字形。排头的大雁是领头雁，是所有大雁中最强壮的，掌控着飞行方向。它们的任务最艰巨，承受的空气阻力最大。它们是整个雁阵的领导者和决策者，得到所有大雁的拥护与支持。雁群中最后两只大雁也是最强壮的，它们照顾队伍中年幼、体弱的大雁，爱护、关怀、鼓舞每一只大雁。

这样的安排既保证了雁群的飞行效率，又保护了新生力量。一队大雁排成优美的“一”字形或“人”字形从远方飞

思考笔记

来，如波浪似的飞行，那是大雁在振翅。队伍中不时传来阵阵鸣叫声，清脆、嘹亮，那是大雁在相互鼓励，提醒其他大雁保持速度，跟上大部队。

领头雁飞累了，就会退到队内，后面的大雁自动补位，退回队内的大雁利用前面大雁提供的升力恢复体力，如此反复。每只大雁都有做领头雁的机会，轮流承担艰巨任务，并共享领导力，使整个雁群保持活力。

华为公司就采取了与其类似的轮值CEO机制。

三、沟通

领头雁面对较大的空气阻力时，后面的大雁会一起鸣叫，为领头雁呐喊助威，鼓励它坚持住。因此，工作中，尊重同事、鼓励同事尤为重要。

大雁不是单纯地在鸣叫，那是在传递信号，尤其在转弯或者变换队形时，大雁的叫声很特别，或许是在指挥，或许是在传递信号。沟通的顺畅保证了雁群协作毫无阻碍。

四、团队效率

大雁组队齐飞，速度要比单独飞行提高22%，团队飞行效率是孤雁的1.7倍。领头雁的翅膀在空中划过，翅膀尖带起一股微弱的上升气流，后面的大雁可以依次利用这股气流，从而节省体力，如图4所示。

思考笔记

图4　大雁借助气流飞行

五、分享

分享是适应大自然的生存之道。大雁是如何分享食物的呢？当一只大雁找到食物后，通常是不断鸣叫，呼唤其他大雁前来共享食物。

六、团队精神

某只大雁因为生病或者被猎人击伤而脱离雁阵，另有两只大雁离开雁群帮助和保护受伤大雁，直到它痊愈或死亡，这两只大雁才会加入经过的雁群，赶上自己的队伍。雁群绝不会抛弃任何一个伙伴。

大雁精神，就是团队精神，就是集体主义精神。

雁群是团队完美协作的典范。坚强的意志力、组织严密的团队合作精神，正是雁群完成迁徙的保障。大雁最重要的特质，就是对目标的坚定不移和以集体为核心的行动力。一旦展翅高飞，它们就义无反顾，不离航向，成群结伴，团结向前。

图5是雁群的团队理念的呈现，正因为雁群具有团队理

思考笔记

念，最后才能发挥出组织力量。组织就是要1+1＞2。

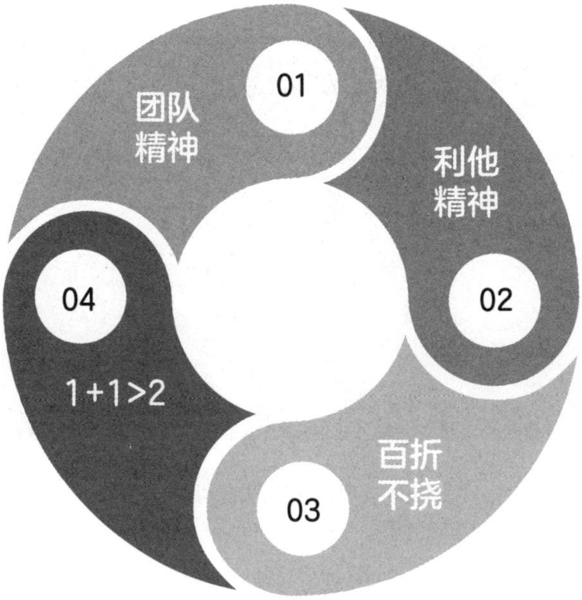

图5 雁群的团队理念

当然，大雁并非唯一成群结队迁徙的鸟类，灰椋鸟、八哥等也是结队迁徙的鸟类，如图6所示。

鸟群形成的图形看起来复杂，但其实鸟们只需要遵循一些简单规则，就可以形成壮观的景象。

规则一：凝聚，向鸟群中小伙伴的平均位置移动。

规则二：分离，避免与附近的小伙伴相撞，匹配附近小伙伴的速度。

思考笔记

规则三：对齐，按照鸟群中小伙伴的平均速度向同一方向飞行。

图6　八哥群形成的图形

企业管理亦是如此，企业文化越简单，工作效率越高；企业人际关系越简单，工作效率越高。

思考笔记

第二节
跟蚂蚁军团学组织，从平庸到卓越

我们要不断学习蚂蚁的分工协作，还要学习蚂蚁团结拼搏、共同努力的精神。

——通用电气经营哲学

在非洲的草原上，如果见到羚羊在奔跑，那可能是狮子来了。

如果见到狮子在躲避，那可能是象群发怒了。

如果见到狮子和大象集体逃命，那是谁来了？

蚂蚁军团来了！

一、认识蚂蚁

蚂蚁（ant）是一种昆虫，别名蚁、玄驹、昆蜉、蚍蜉，属于节肢动物门，昆虫纲，膜翅目，蚁科。蚂蚁种类繁多，世界上已知有11700多种，有21亚科283属，中国境内确定的蚂蚁种类有600多种。蚁后寿命很长，可存活十几年或几十年，工蚁的寿命短的是几星期，长的是3年至7年。

思考笔记

蚂蚁是拥有最大脑袋的昆虫，有25万个脑细胞。美国哈佛大学的昆虫学家马克·莫费特的资料证明，一只蚂蚁能够举起超过自身体重400倍的物体，还能够拖运超过自身体重1700倍的物体。10多只蚂蚁团结一致，能够搬走超过它们自身体重5000倍的昆虫或者食物，这相当于10个平均体重70千克的大汉搬运3500吨的重物，平均每人搬运350吨。

蚂蚁在地球上已经顽强生存了1亿年，它们经历过火山爆发、陨石坠落等自然灾害，是世界上抗击自然灾害最强生物之一。

二、蚂蚁如此弱小，为何蚁群如此强大

蚂蚁族群与人类族群有着惊人的相似之处，两者都有各自的社会形态、严密的社会组织和科学的社会分工。

蚂蚁虽然弱小，但是蚂蚁团队具有高效的、不打折扣的超级执行能力，全力以赴完成所有任务。这正是所有企业梦寐以求的团队精神。因此，蚂蚁团队如何组织、分工，进而能够团结一致完成“不可能完成的目标”，是非常值得企业学习和借鉴的。

人类，应该向渺小的蚂蚁学习，学习一个平凡的团队如何获得成功！

日本松下创始人松下幸之助是世界公认的经营之神。松下幸之助特别喜欢70分的人才，不仅因为他们好管理，还因

思考笔记

为他们有愿意合作的态度和强大的团队精神。出类拔萃的人才有时愿意按照自己的想法做事情，这使得一些具体业务的实施困难重重，无形中削弱了企业的凝聚力。

合作才能发展，合作才能胜利，这是今天很多企业的共识。合作产生的力量不是简单的加法，团队的协作力量远远大于若干优秀人才的力量之和。协作是团体的最大优势，成员间的默契配合会使团体发挥出最强大的力量。

三、蚁群分工

蚁群中，蚂蚁各司其职（见图7）。

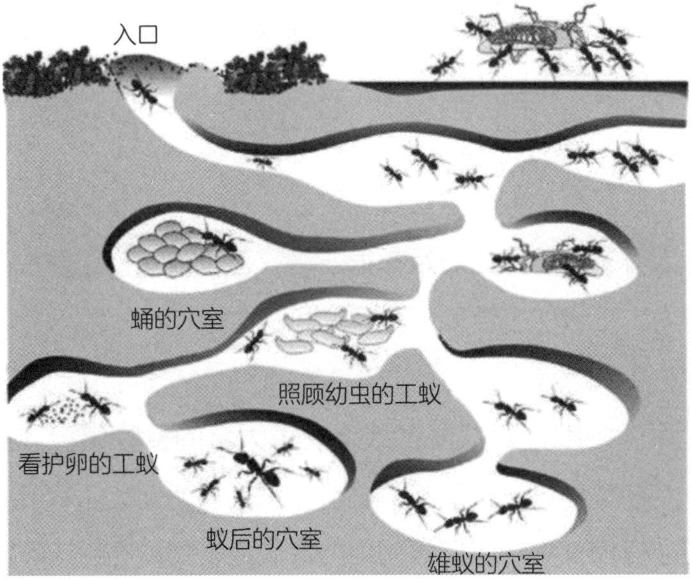

图7 蚁群分工

思考笔记

蚁群中，虽然蚂蚁数量庞大，但组织架构是绝对扁平化：一般分为蚁后和工蚁两级。特定时间还有雄蚁和未受精的雌蚁。

蚁后，有生殖能力的雌性，或称母蚁，在蚁群中体型最大，特别是胸部大，生殖器官发达，大部分蚂蚁种类都是蚁后负责产卵。还有一部分种类的蚂蚁，如猛蚁，蚁后自己捕食，但是不能掌控整个蚁群。

雌蚁，交尾后有生殖能力的雌性，交尾后脱翅成为新的蚁后。大部分雌蚁交尾后会脱翅，只有极少数不会脱翅。

雄蚁，或称父蚁，有翅，头圆小，上颚不发达，触角细长，有发达的生殖器官和外生殖器，主要职能是与蚁后交尾，交尾后不久即死亡。

工蚁，又称职蚁，是没有发育完整的雌性，一般在蚁群中个头最小，但数量最多。无翅，复眼小，单眼极微小或无，上颚、触角和三对足都很发达，善于奔走。工蚁没有生殖能力。工蚁的主要职责是建造和扩大巢穴、采集食物、饲喂幼虫及蚁后等。

为了冬眠，蚂蚁要在秋天吃掉大量的食物储存体内脂肪，而在整个冬天它们不再进食。正因为如此，工蚁几乎每天都在寻找食物，保证蚁群中的每个成员都能在秋天吃到足够的食物，以此抵御冬季的寒冷。

兵蚁，是某些蚂蚁种类中的大工蚁的俗称，是没有生殖

思考笔记

能力的雌蚁。头大，上颚发达，可以粉碎坚硬的食物，当蚁群遇到危险时成为战斗武器。

四、蚂蚁军团的团队精神

1. 蚁群具有学习总结的本性

英国的动物学家曾做过一个实验。

第一次，他把一个蚊香放入蚁窝，蚂蚁看到蚊香上的火光，不知所措。二十分钟后，所有蚂蚁都爬出蚁窝，喷射身上排出的乙酸，前仆后继，一分钟内就把蚊香扑灭了，但蚂蚁军团伤亡不小。

第二次，过了一个多月，这位动物学家点燃了一支蜡烛，把蜡烛放进这个蚁窝。和蚊香相比，蜡烛的火势更强，但是蚁群这次没有惊慌，而是有条不紊地开展扑火行动，同样一分钟内扑灭了火灾，但无一伤亡。

2. 蚁群成员分工明确、团结协作

据英国《每日邮报》报道，有些蚂蚁遇到洪水时会用身体组成“救生筏”。在一次实验中，工蚁连续遭受两次洪水侵袭，实验者以此观察每只蚂蚁在“救生筏”的位置，发现“救生筏”上每只蚂蚁的位置是固定的，洪水再次袭击时，它们记住并待在自己上次的位置。

工蚁在“救生筏”上的位置固定，位于顶部、中间、底部，侧面的蚂蚁位置也不变，但蚁群中幼蚁的位置会影响工

思考笔记

蚁的位置及“救生筏”的形状。

研究人员还发现工蚁在第一次洪水中的经历会影响它们在第二次洪水中的表现和“救生筏”的形状。

3.蚂蚁的生存哲学：积极进取，全力以赴，为了整体利益，牺牲个体利益

虽然每只蚂蚁都非常小，一滴水就可以将它冲走或者淹死，但是蚂蚁聚合起来却能爆发出惊人的力量。碰到沟壑，前面的兵蚁会毫不迟疑地冲下去。遇到大河拦路或火灾封路，蚂蚁就聚合在一块，形成一个巨大的蚂蚁团，抱团闯过去。这种场面很悲壮，很多蚂蚁会牺牲，但是没有蚂蚁退缩。小小的蚂蚁为整体生存展现出了大无畏的气概，蚁群把团队精神发挥到极致，怎能不令人动容？

蚁群精神能给予个体和团队重要的启迪，值得个人和团队学习。

我们不仅要学习蚂蚁的分工协作，更要学习蚂蚁为了共同目标拼搏奋斗的精神，唯有如此，我们才能提升执行力，营造核心竞争力，促使组织发挥出“1+1＞2”的力量，确保企业的战略方针和政策得到有效落实，确保企业目标得以实现。

思考笔记

第三节
跟NBA球队学组织，团队配合很重要

纽约扬基棒球队的经理人凯西斯·腾格尔经常说：“找到好的球员容易，但是要让他们默契配合却很难。”

2004年NBA总决赛，拥有豪华阵容的湖人队输给了活塞队。

为什么湖人队输了?

首先我们先看湖人队2004年的主力阵容和主教练。

科比·布莱恩，得分后卫，常规赛MVP、总决赛MVP、全明星赛MVP。科比一共获得5枚总冠军戒指，单场最高分81分，96黄金一代，NBA历史上“最伟大的50名球员”之一。

沙奎尔·奥尼尔，中锋，常规赛MVP，总决赛MVP，赛季得分王，一共获得了4枚总冠军戒指，NBA历史上“最伟大的50名球员”之一 。

加里·佩顿，控球后卫，全明星球员，获得1枚总冠军戒指，具有超强的防守能力（因此获得“手套”的绰号），曾被称为“乔丹终结者”。

思考笔记

卡尔·马龙，大前锋，常规赛MVP，全明星赛MVP，连续11年进入最佳阵容第一队。

里克·福克斯，小前锋，3届NBA总冠军成员。福克斯是一个“狡猾”的防守者，每次防守都不遗余力、不留情面。福克斯是湖人队最好的射手之一。

菲尔·杰克逊，总教练，NBA最成功的教练之一，曾获NBA年度最佳教练奖、全明星主教练等荣誉，是篮球名人堂成员，教练生涯可谓荣耀无限，获得11枚总冠军戒指，公牛时期6枚，湖人时期5枚。

一、团队人心不齐

从湖人队组成“F4”开始，每位“大咖”在比赛中可能打得都不是很舒服，从常规赛就可以看出，每个人都在尽可能地迎合队友，但是每个人又没有百分之百地发挥自己的实力，科比和奥尼尔一直压制自己的进攻欲望，OK组合没有发挥出真正的实力，马龙和佩顿一直没有放下巨星架子，每个人的心里都存在着某些想法。

可以说，湖人队心不齐是其输球的因素之一。

二、团队配合脱节

湖人队的进攻战术是三角进攻。基本特点是进攻时3名球员在强侧构成进攻三角，另外2名球员会在弱侧通过跑动

思考笔记

寻找投篮机会，或者通过挡拆和跑位，形成新的进攻三角，5名球员不断交换位置，就会产生几百种变化。这就是简单而又复杂的三角进攻（见图8）。

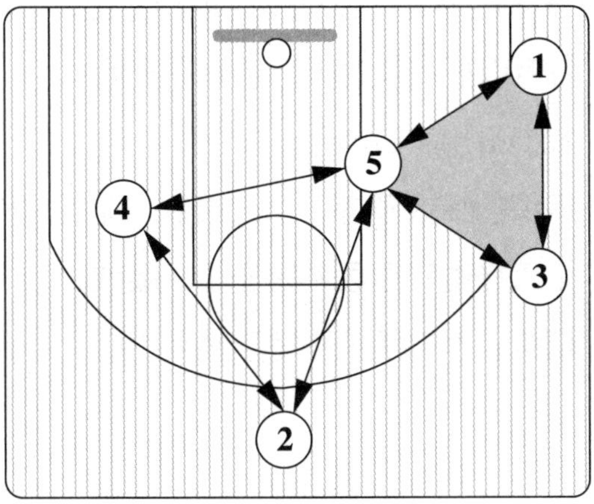

图8 三角进攻

三角低位进攻允许出色的球员以系统的形式在球场上移动。由于防守球员被进攻球员的不停移动牵制，进攻方技术最出众的球员可以在对位中取得优势。

这个进攻技术是好的，但是奈何活塞队阻断了湖人队的进攻。只要科比拿到球，活塞队的队员就贴身防守，还有另一名队员干扰科比投篮；奥尼尔拿到球，两个华莱士就包夹奥尼尔，OK组合几乎瘫痪，而被寄予厚望的马龙和佩顿则被放空，结果就是怎么投怎么没有，马龙命中率是33%，佩顿的命中率是32%，费舍尔仅有30%的命中率，科比

思考笔记

38%，即使奥尼尔的命中率是63%，也是徒劳的。内外线配合脱节，被活塞死死切断也是导致湖人失败的原因之一。

由此可见，一家企业即使有了行业的精英团队与成绩斐然的CEO也未必能够在市场竞争中胜出。但是，团结一致的精英团队，就可以把竞争对手远远甩在身后。

因此，我们得出3个结论：

第一，组织的绩效不等于个人绩效相加的总和。

第二，个人技能和素质不等于个人绩效。

第三，精英较多的组织不等于精英组织。

思考笔记

第四节
令人“闻风丧胆”的组织

一、魏武卒

公元前419年，魏国在黄河西岸的少梁筑城，建造进攻秦国的军事据点。吴起（见图9）率魏武卒大败秦军，魏国占据了秦国的河西之地，将秦国压制在关中数十年。

图9　吴起像

思考笔记

魏国的强大，源于经济上任用李悝实行变法，军事上拥有一支令各诸侯胆寒的军队——魏武卒。

魏武卒是魏国大将吴起训练的精锐重装步兵，吴起率领这支步兵南征北战，创下了“大战七十二，全胜六十四，其余均解（不分胜负）”的奇功伟绩。

魏武卒的编制如下所述：五卒为伍，设伍长一人；二伍为什，设什长一人；五什为屯，设屯长一人；二屯为百，设百将一人；五百人，设五百主一人；一千人，设二五百主一人。其中，“二五百主”也称“千人”，也就是以一千人为基本作战单位，类似一个团。打战时可灵活编制，设将军一人指挥（见图10）。

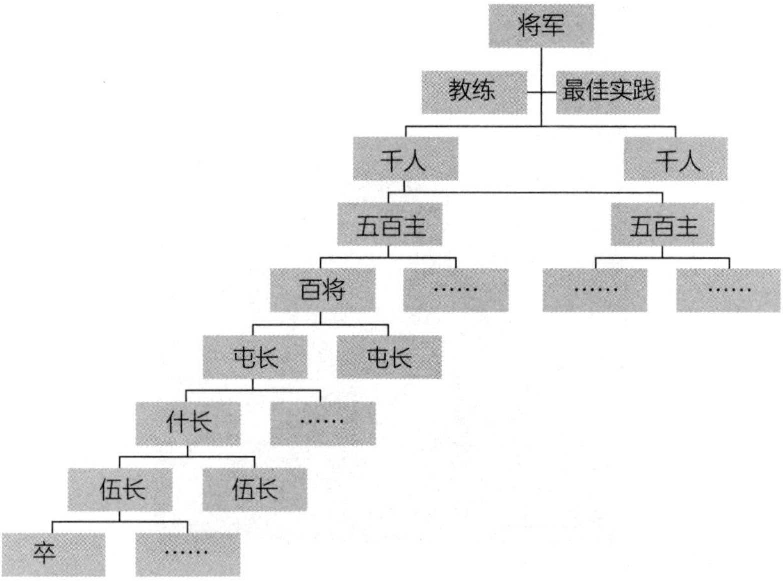

图10　魏武卒编制架构

思考笔记

这种编制，充分体现了魏武卒指挥系统的灵活性，能达到如脑使臂，如臂使手，如手使指。不管各军队士兵是否相识，在各级将官存在的情况下，军阵可以迅速组合起来。

吴起组建魏武卒后，聘请了专职教练，对基本军事素质较高的士兵进行严格的军事技能训练，包括单兵技艺训练、阵法训练、编队训练以及联络记号训练等。专职教练相当于现在企业培训部门的培训师。

训练中，特别注重发挥军事骨干的先锋模范带头作用，“一人学成，教成十人；十人学成，教成百人……万人学成，教成三军”，因此，魏武卒全军素养迅速提高。

此外，和一般军队不同的是，魏武卒在组建之初，就是从实战中训练出来的军队。魏武卒是精锐步兵，采用募兵制，精挑细选每一个士兵。

魏武卒作战时使用魏舒方阵。魏舒方阵由五个互相掩护的大方阵组成，《左传》称之为“五阵”，实际上只是四个方阵，按前、后、左、右列队，中间为空，前边的方阵是为诱敌而设。“五阵”可以在狭窄地形上直接由行军队形展开为作战队形，缩短布阵时间，这是其优势。魏舒方阵的出现是春秋军事史上的大事，是车战向步战转变的划时代的标志。

二、戚家军

戚家军（又称义乌兵、浙军）在明嘉靖三十八年

思考笔记

（1559年）成军于浙江义乌，总兵力四千人，主力是义乌的农民和矿工。

戚家军因为戚继光而得名，是明朝一支很有名气的军队。戚家军赖以成名的是严明的军纪、职业化的训练水平、东亚最先进的装备、高达十余万的斩级纪录等，被誉为“16—17世纪东亚最强军队”。自明嘉靖三十八年戚家军成军到明万历十一年（1684）戚继光去职，戚家军击败的敌军总人数超过十五万，这是令人惊叹的战绩。

戚家军之所以如此厉害，有赖于戚家军的核心组织力——鸳鸯阵。鸳鸯阵是戚家军步兵的个人与单位的基本战术养成，是一种实战应用阵形，小可用于几个人的行伍，大可用于万人对阵。

鸳鸯阵配备的武器有戚家刀、长盾牌、藤牌、标枪、狼筅、长枪、镗钯，有的武器长，有的武器短，有进攻型武器，有防守型武器，充分发挥了各种兵器的效能，而且阵形变化灵活。

鸳鸯阵可以根据情况和作战需要变纵队为横队，变一阵为左右两小阵或左中右三小阵。当变成两小阵时称为“两才阵”，左右盾牌手分别随左右狼筅手、长枪手和短兵手，护卫其进攻。当变成三小阵时称为“三才阵”，此时，狼筅手、长枪手和短兵手居中，盾牌手在左右两侧护卫。这种变化了的阵法又称为“变鸳鸯阵”（见图11）。

思考笔记

图11　变鸳鸯阵

三、“三三制”

“三三制”成熟于解放战争，并大量运用于抗美援朝，让具有绝对火力优势的美军恐惧。

三人战斗小组，即每三人组成一个战斗小组。战斗小组呈三角进攻队形，士兵分工明确，进攻、掩护、支援。三人所持武器不同，一人手持步枪精准射击敌人；另一人是轻机枪手，手持机枪扫射敌人，破坏敌人的进攻势头；最后一人是手榴弹手，投掷手榴弹阻止敌人杀进战壕。防守作战时，三名士兵的分工也不相同。面对敌人攻击时，轻机枪手先射击敌人，等敌人再次逼近后，手榴弹手要向敌人投掷手榴弹。当时步兵五大技能是：射、投、爆破、土工、刺。三人

思考笔记

战斗小组要按照步兵五大技能阻挡或攻击敌人。

战斗班，即以班为单位分成三个战斗小组，为便于相互接应，一般排成三个梯队。班长、副班长、组长，各带一个战斗小组行动（见图12）。

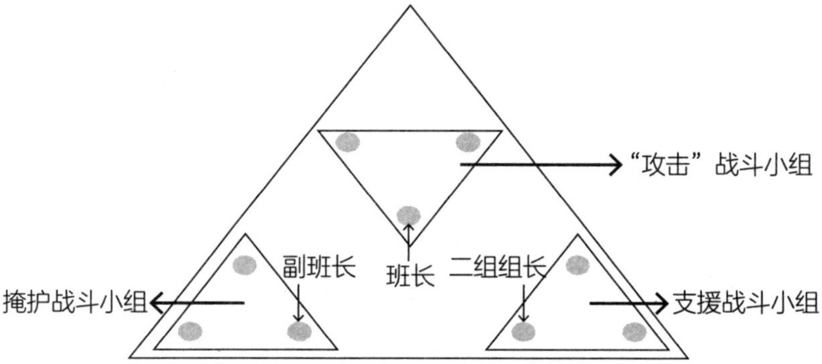

图12　战斗班进攻示意图

战斗群，即战斗小组进攻时，两名士兵在前，组长在后， 呈三角形，三个战斗小组组成一个战斗班，三个战斗班组成一个战斗群，进攻时战斗群呈“散兵线”队形展开，如图13所示。

思考笔记

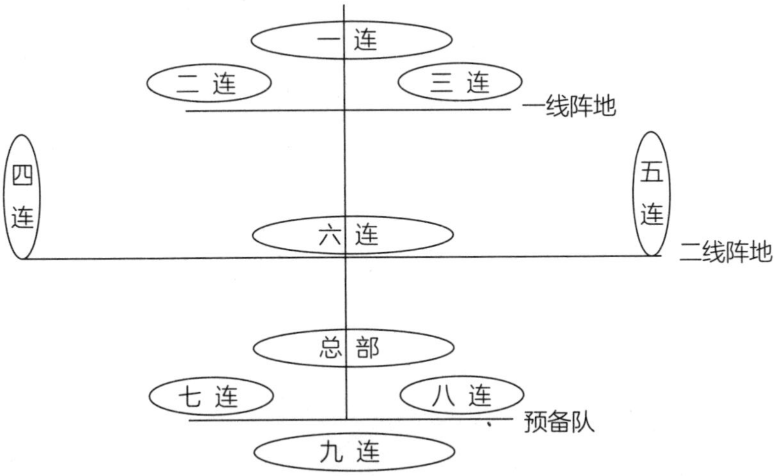

图13 "三三制"组织在战斗群中的架构

战斗班展开时，士兵根据组长或班长指令随时变换战斗队形。战斗群展开后，通过手语、军号或无线电传达战术指令，一个总数27人的战斗群完全展开可以覆盖800米宽的战线。

第二章 组织的概念与原理

思考笔记

第一节
什么是好组织

同样资源下，发挥出比其他组织更好效果的组织就是好组织。同样资源下，你比别人干得更好，说明企业的组织能力较强。那么，组织到底组织了什么？组织的标的是什么？

资源！

我们必须承认，组织高手都是资源整合的高手。

企业经营中，组织资源分为五类：人、财、物、时间、信息（见图14）。

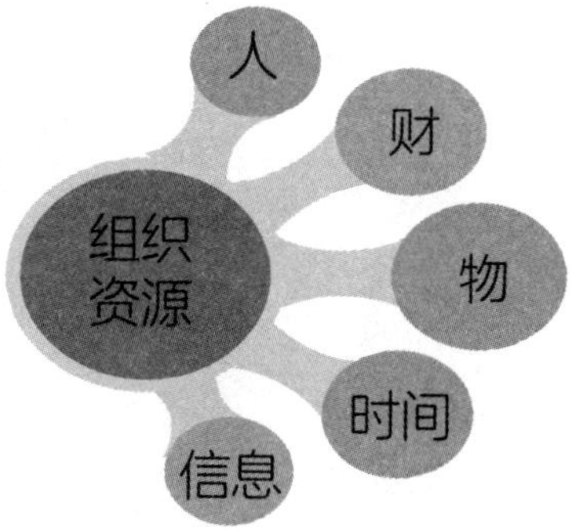

图14　组织资源

思考笔记

其中，最重要的组织对象是“人”。

对企业和领导者来说，组织力非常重要。笔者曾辅导一家零售企业调整它的组织架构。这家零售企业把其中的一个区域经理调整为运营总监，半年后销售额大幅增长；增加了一名负责电商的销售人员，电商销售额由原来的零增长到现在每月600多万元。

把不同的人才，安排到合适的岗位，他们就会发挥出更大的力量，结果也就截然不同。

又如，对门店连锁型企业而言，门店是其经营主体，店长的经营能力是门店经营好坏核心因素之一，能否复制店长的经营能力是连锁型企业能否做大的关键。

成为资源整合高手的前提条件是了解和掌握资源。越了解资源的能量，资源就越为你所用，从而发挥出更大的作用。

同理，团体的领导者，如果不了解成员能力、教育经历、特长、兴趣，不了解他们的性格，怎么能发挥出组织的1+1＞2的功效呢？

思考笔记

第二节
组织的定义

组织是两个或两个以上的人为达成共同目标而有秩序结合的有机整体。这是典型的教科书式的定义，但是，未必100%精准。因为，一个人也可以活得像一个团队。

某次培训课堂上，有位学员问：“老师，我就一个人，也是一个部门，那我是不是一个组织？”

那，必须，当然，是！

他说：“老师，我们公司新成立了一个大客户部，但是只有我一个人，我是主管，又是员工，还是开单员，当爹又当妈，啥都要干。那么，就我一个人，我怎么组织呢？组织啥呢？”

一个人难道就不可以组织了吗?

记住，只要组织能力到了，一个人也可以活出一个团队的感觉。

你能不能让市场部的同事陪你见客户?

你可不可以请人力资源部的同事陪你面试人员?

能不能让其他同事提供商务支持?

思考笔记

现在，你明白了吗？

一个人可以干出一个团队的感觉，就看你的资源整合能力强不强，资源使用和调动能力怎么样。

还有另外一种类型的员工是这样的："我就一个人，我啥都干不了，要干可能只能干这么多。""领导，以这样的条件，我只能干这么多。"

笔者想告诉上述类型的员工，高效组织能力的运用理念是什么？就是在条件不齐备的前提下，创造条件达成目标。你的价值由此体现。所有条件、资源都具备的前提下，你成功了，那没什么了不起的，因为其他人也能做到。

思考笔记

第三节
组织三要素

组织有三大基本要素：一是目标清晰并全员共有；二是组织成员根据目标明确分工；三是为达成目标，各组织成员有意识地协作（见图15）。

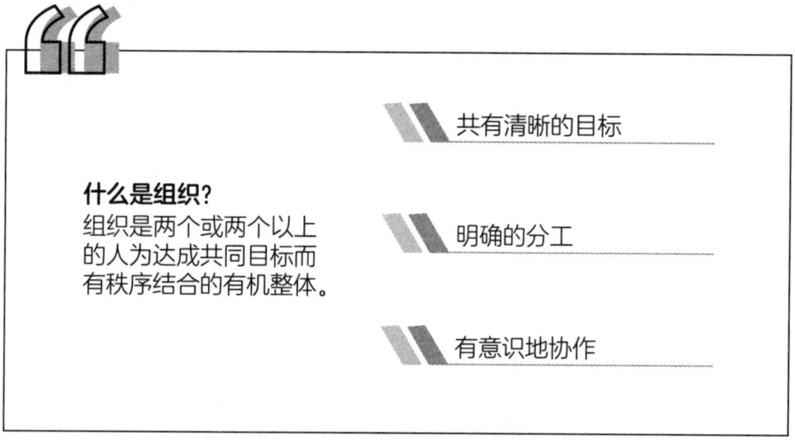

图15　组织定义及三要素

如果一个组织没有共同目标，分工也不明确，也没有很好的配合，那叫什么组织？那是一群散兵游勇。

第三章

组织的形态

思考笔记

第一节
直线制组织

直线制组织架构如图16所示。

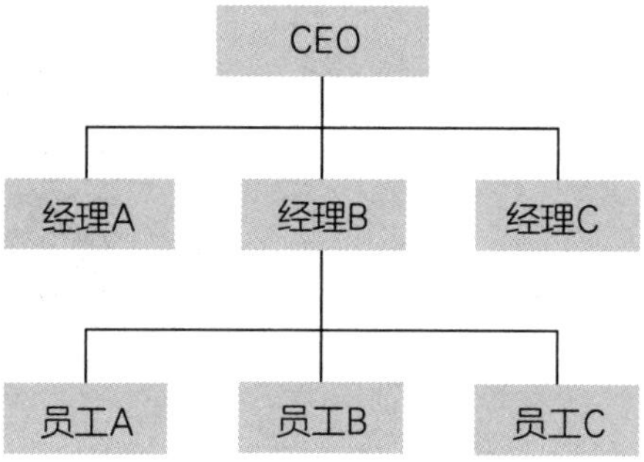

图16　直线制组织架构

直线制组织的特点：权力集中于领导者，不设职能参谋与监督结构，由直线指挥人员全权负责。

直线制组织的“直线”强调对组织目标的实现有直接贡献的岗位与管理关系。

直线制组织的优点：责任明确；组织形式比较简单，沟通快，信息传递效率较高；命令统一。

直线制组织的缺点：缺乏分工管理，企业领导者必须是

思考笔记

通晓多方面业务知识和技能的全能管理者，必须亲自处理各种具体业务，领导容易陷入日常琐碎事务中，不能够集中精力思考和研究组织的重大问题；容易“失位”，即企业领导者干了经理的活，经理干了主管的活，主管干了员工的活，员工无活可干。

直线制组织的应用场景：适用于规模较小的企业；适用于中大型企业中的二级或三级组织，如中型企业的销售部门。

思考笔记

第二节
职能制组织

职能制组织架构如图17所示。

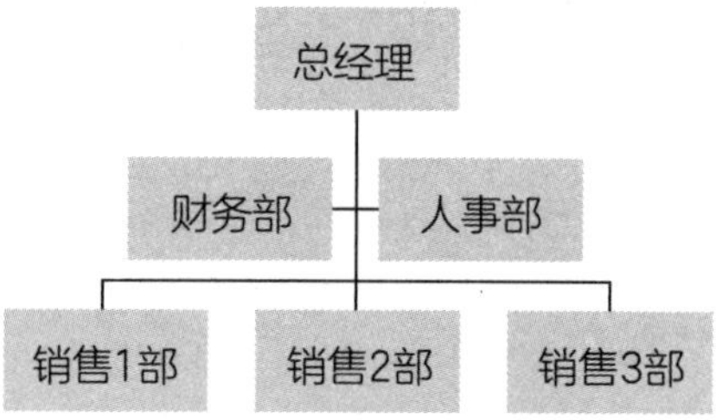

图17　职能制组织架构

职能制组织又叫参谋制组织，就是企业内部各管理层级都设职能机构，各职能机构在自己的业务范围内有权向下级发布命令。通俗说，就是领导者聘请顾问。

职能制组织架构的优点：分工比较明确，减少部分一线直接价值部门的职能工作，减少部分专业性的决策对直接上级的依赖。

职能制组织架构的缺点：管理机构增加，导致管理成本增加；职能部门的增加带来沟通难度系数的增长，部门墙变得更厚重；容易滋生官僚主义。

思考笔记

职能制组织架构的应用场景：适用于一定规模的企业；适用于中大型企业中组织中的组织，如事业部下的二级或三级组织。

思考笔记

第三节
直线职能制组织

直线职能制组织架构如图18所示。

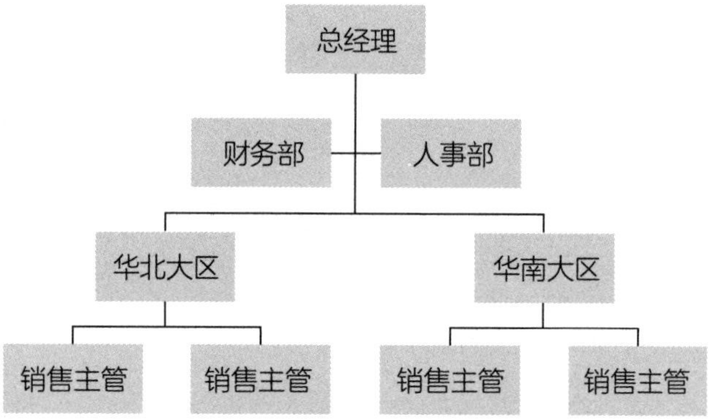

图18　直线职能制组织架构

直线职能制组织是直线制组织和职能制组织的结合体。

直线职能制组织的优点：职责分明，分工清晰，各部门各自管理某领域的事务，一定程度上“解放”了直属上级。

直线职能制组织的缺点：因为部门各自负责一部分工作，除了公司的最高领导者，没有人对公司的最终结果负责；各部门会为自己部门的岗位职责负责，为KPI负责，但

思考笔记

不会为集体利益负责，不利于团队的长久发展。

总之，直线职能制组织的优点在于分段负责，缺点在于不是整体负责，缺乏组织协同。

直线职能制组织的应用场景：目前绝大部分企业应用直线职能制组织。

第四节
事业部制组织

事业部制是一种常见的组织架构形式，最早起源于美国通用公司。因为1924年由美国通用汽车公司总裁斯隆提出，故有“斯隆模型”之称，又称为“联邦分权组织”。

事业部制是在企业内部对独立的区域、产品或客户进行独立核算与责任划分的一种分权式组织架构形式，是为满足企业规模扩大和多样化经营对组织机构的要求而产生的一种组织架构形式。

具体的设计思路：在总公司领导下设立多个事业部，把分权管理与独立核算结合在一起，按产品、地区或市场（顾客）划分的经营单位，即事业部。每个事业部都有自己的产品和特定的市场，能够完成某种产品从生产到销售的全部职能。事业部不是独立的法人企业，但具有较大的经营权限，实行独立核算、自负盈亏，是利润中心，从经营角度来说，事业部与一般的公司没有本质的区别。

事业部制组织架构如图19所示。

思考笔记

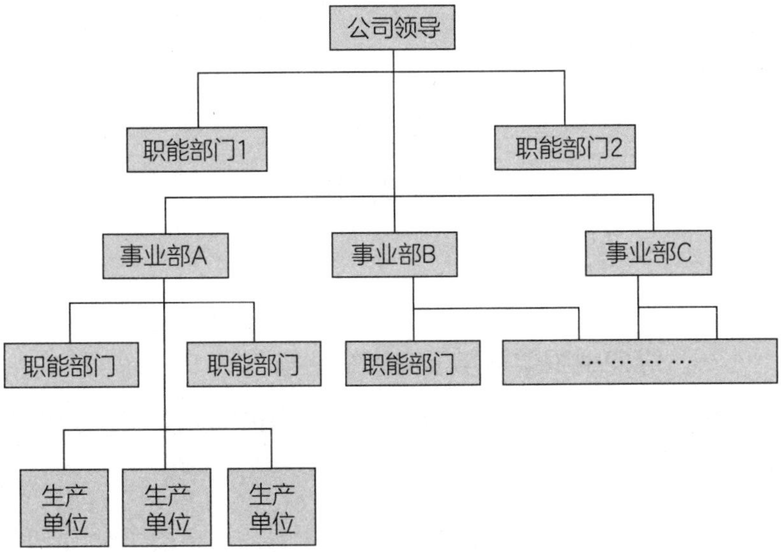

图19 事业部制组织架构

事业部制组织的优点：分工较明确，独立核算，责任明确，对员工的发展有一定的激励作用。

事业部制组织的缺点：事业部与事业部间存在协作的部门墙，不利于资源的有效利用和专业化的发展。

事业部组织的应用场景：适用于规模较大、人员较多、地域分布较广、产品种类繁多的企业。

思考笔记

第五节
矩阵式组织

一、纵向组织架构与横向组织架构

根据管理线条分类，组织可以分为纵向组织架构和横向组织架构。

大部分企业是按照职能对员工分类，并将员工分配到各个部门，自动形成上下级的管理关系线条，这就是常见的纵向组织架构（见图20）。

纵向组织架构，又叫金字塔式组织架构、科层制组织架构。

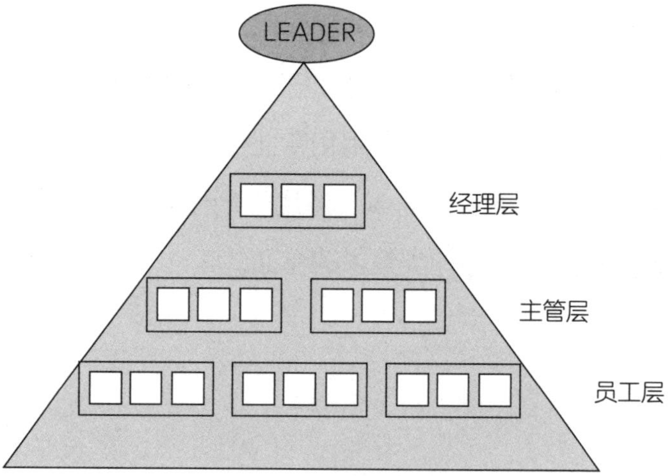

图20　纵向组织架构

思考笔记

金字塔式组织架构的最上面是总经理或高级职业经理人，往下依次是总监、经理、主管、班组长、员工，且大部分情况下每一层都比上一层的人数更多。

有纵向组织架构，也有横向组织架构。

什么是横向组织架构？

纵向组织架构多根据职能划分，横向组织架构更多根据流程或项目划分。把原本纵向组织架构的各部门员工根据一定目的或规则，按照项目重新组合，便形成横向组织架构。

企业在一纵一横之间织成了一张网。

矩阵式组织架构是横向组织架构的一种。

二、矩阵式组织架构

矩阵式组织架构如图21所示。

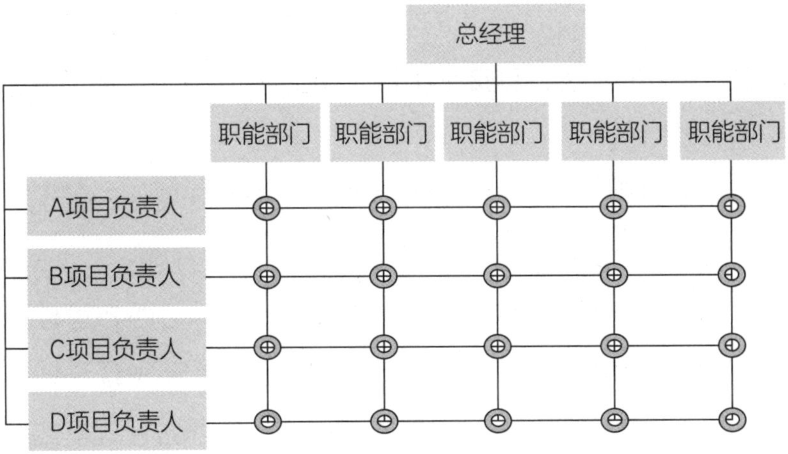

图21 矩阵式组织架构

思考笔记

矩阵式组织的优点：目标清晰；组织灵活、便于协调；能较好发挥员工的特长和作用，有利于人才的培养。

矩阵式组织的缺点：多头领导、易责权不清。

此缺点的解决之法是项目经理与行政领导的责任和权力应划分清楚。

矩阵式组织的应用场景：软件公司、建筑公司等项目型企业；公司内部的项目制临时组织，如举办年会组织、办产品展销会组织；公司内部的项目制常设组织，如绩效薪酬委员会。

三、如何利用矩阵式组织架构解决部门墙的问题

解决问题之前，我们需要清楚部门墙是如何产生的?

传统管理模式下，部门墙的产生是必然的。

导致部门墙必然产生的两大“毒瘤”：一是西方直线职能制、科层式组织架构的应用；二是西方式绩效评估工具的应用，如KPI。

说到这里，有人想，这是大部分企业都在使用的管理工具，为什么就变成“毒瘤”了呢?

为了企业能够更好发展，中国企业家学习西方管理模式。通过应用西方管理模式，企业管理水平突飞猛进地成长，但也埋下了“病根”。如果说，当年的西方管理模式是一副治病药，那么这药有一定的副作用。

思考笔记

科层制组织架构的基本逻辑是分工，是精细化管理。但是随着公司员工的不断增加，分工就会越来越细，部门就会越来越多，无形的管理成本和沟通成本就会增加，于是部门墙就产生了（见图22）。

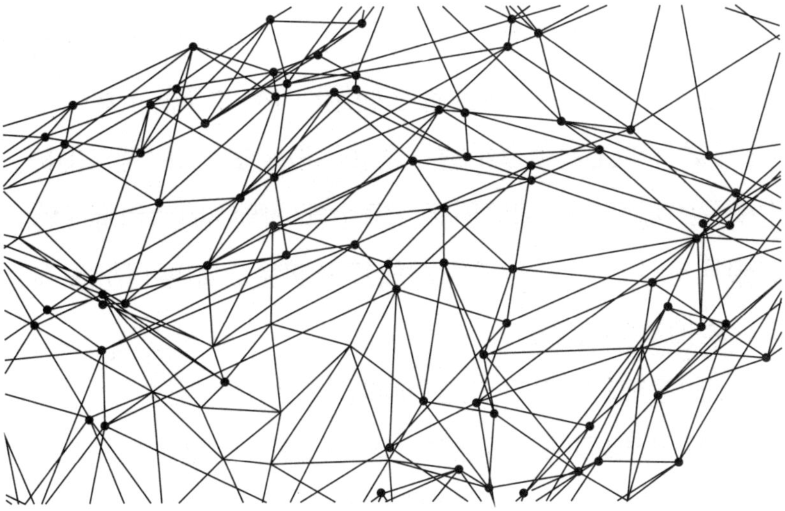

图22 多部门沟通图

矩阵式组织沟通方式继续发展，会演变成无边界组织，去中心化的无边界组织。

目前，大部分企业或组织都是有中心的，都是有领导者的，领导者就是组织的核心。

未来组织的发展趋向是没有中心。没有中心意味着每一个人都是中心。每一个人都是中心，组织就像一张网一样，那

思考笔记

么如何管理呢？

这个时候，企业家学习了德鲁克提出的目标管理。在中西方管理学学者和培训老师的推动下，推出了如KPI、MBO、BSC等绩效评估工具，其中应用最广和最多的是KPI绩效评估工具。

从没有绩效评估到KPI绩效评估工具的应用，这是进步。当下，许多中小企业都在使用KPI绩效评估工具。应用KPI绩效评估工具就是给每一个部门设定多个KPI考核指标，也就是给每个部门制订目标，每个部门围绕绩效目标工作，如果目标达成，就给部门发放绩效奖金，如果目标没有达成，就扣发绩效奖金。

KPI考核的好处在这里，问题也恰恰在这里。

当每个部门都有目标时，这是好事。但是，当每个部门的目标都不相同时，这可能就是坏事。

随着KPI绩效评估工具应用的深入，各部门只会围绕各自的KPI考核指标工作。

为什么呢？

因为钱。

当每一个人都为自己的目标负责而不为公司的目标负责时，更不会考虑其他部门的目标，部门墙就越来越厚了。

科层制组织架构让部门间从没有“墙”到有了“墙”。

以KPI评估工具为代表的管理工具，让这堵“墙”越来

思考笔记

越高，越来越厚，越来越重。于是，企业效率越来越低，利润越来越薄。

如何解决?

从科层制组织架构升级为矩阵式组织架构。

四、矩阵式组织架构应用案例：服装业

现以韩都衣舍为例介绍矩阵式组织架构在企业中的应用。

韩都衣舍的矩阵式组织改造分为两个层次：首先，事业部按照矩阵式组织管理（见图23）；其次，事业部下辖的销售部门按项目制组织管理（见图24）。

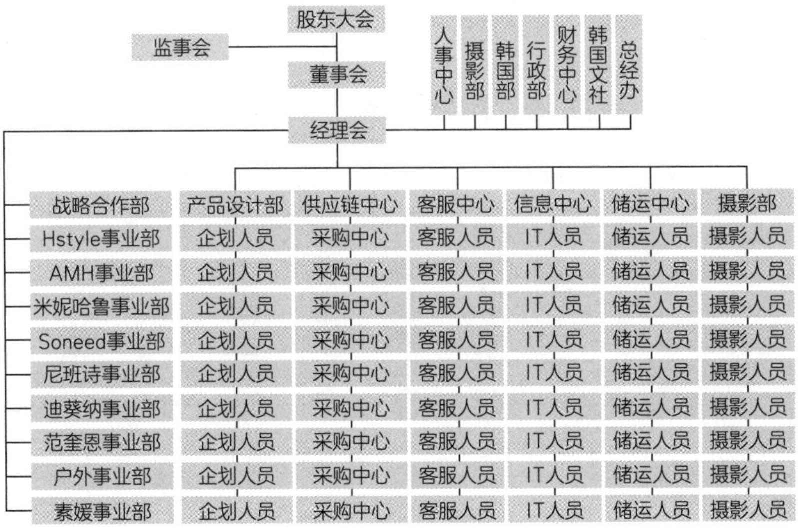

图23 韩都衣舍的事业部矩阵组织

思考笔记

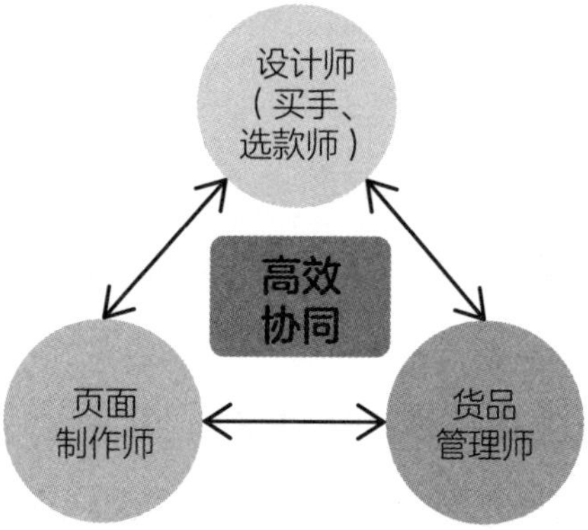

图24　韩都衣舍的“三人小组”制组织

五、矩阵式组织架构应用案例：房地产行业

矩阵式组织架构的特点是，部门成员同时是各个项目小组的成员。

现以碧桂园为例，碧桂园是典型项目制企业（见图25）。

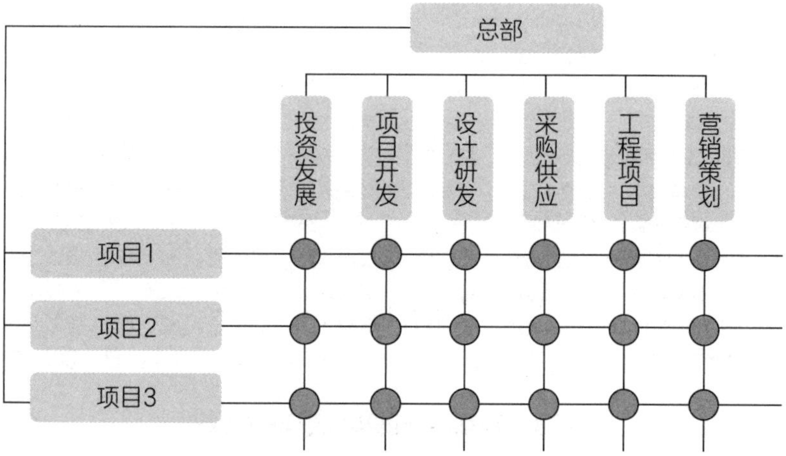

图25　碧桂园的组织架构

思考笔记

每个楼盘就是一个项目，每个项目还包含多个小项目。

没有项目时，工作人员都由部门统一管理，项目立项后，工作人员由项目经理管理。

六、矩阵式组织架构在非项目型企业的应用案例：保险业

保险公司作为销售类型的公司如何运用矩阵式组织架构呢？现以平安人寿销售部门的组织架构为例进行说明（见图26）。

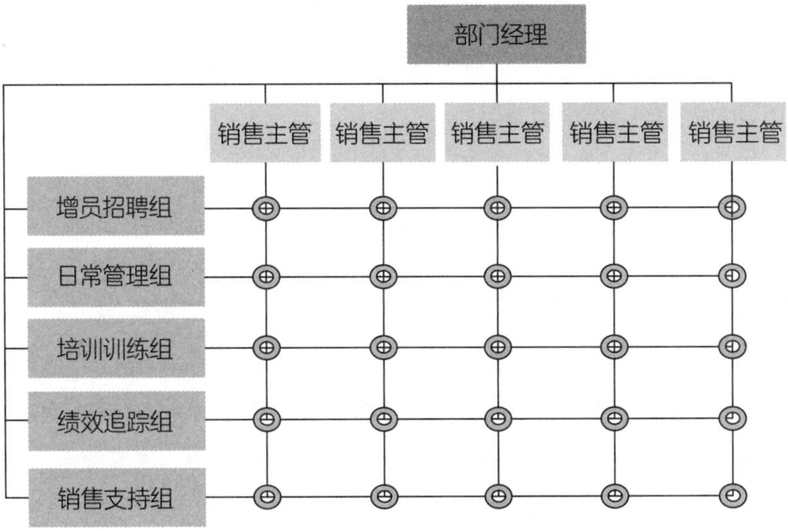

图26 平安人寿销售部门组织架构

销售团队一般都会采用直线制组织架构或直线职能制组织架构，而平安人寿在基础销售团队内部采用了“功能组”

思考笔记

式的矩阵式组织管理模式，部分主管或骨干销售人员兼做职能管理工作，实现对销售人员的强大赋能，提升了组织力，这对人才的训练和培养起到了非常关键的作用。

项目负责人既要销售产品，又要负责某个项目的组织管理工作。组织管理工作主要体现在两个方面。

首先是招聘工作，寿险销售人员通常由销售人员以师带徒的方式自行招聘，这是一种团队裂变机制，所以无须人力资源部门专门招聘。

其次是日常管理工作，项目负责人主要负责部门早会、周会、月会的组织，考勤管理，业务相关的品质管理，会场布置和档案管理等工作。

那么，问题来了！

销售人员愿意兼职做组织管理工作吗？

组织管理工作增加了，做业务的时间就会减少，会不会影响销售业绩呢？

某学员曾偷偷问我："老师，你太坏了，总给我们增加工作量。你是不是觉得我们销售人员很闲呢？"

这么操作的目的是什么？

培养人才！

培养人才的最好方式之一，就是实行项目组制。培养人才一定要训战结合，以"战"为主。项目就是让员工发挥能力的战场，通过"作战"培养优秀员工。同时，项目组制是

思考笔记

迅速检验一个人是不是人才的重要手段和方法，尤其是新加入公司的干部或储备干部，是不是人才，给几个项目，很快就可以检验出他们有没有能力。员工通过项目的历练，可以证明自己有一定的组织和管理能力，有一定的培养潜力和价值。

对项目负责人来说，最重要的不是工作量，而是机会，通过一次或几次的项目历练，找到可以“一鸣惊人”“一飞冲天”的机会。尤其是年轻人，得到机会比增加500元的工资更重要。

工作中最重要的是什么？

最重要的是机会。

机会能不能发挥得好靠的是实力。

企业发你工资，你无须过多的感恩，因为大部分岗位是价值匹配薪酬，发你5000元的薪酬是因为你创造了10000元的价值，这是价值交换，也就是说大部分人的工资是劳动所得。

企业提供一份工作给你，你需要感恩。提供工作意味着提供给你成长机会。

有了机会，还怕赚不到钱吗？

机会是怎么来的？机会是你自己创造出来的。

你需要让公司或上级看到你拥有能够胜任岗位的能力。

项目组制就是展示才能的最佳平台，可以让更多的人看到你，关注你。

思考笔记

第六节
项目制组织

矩阵式组织，是最具效能的组织形式之一。

项目制组织，也是培养人才的最好方式之一。

企业有100人，每一个人都可能是项目经理。

这是组织去中心化的第一步，也是最关键的一步。

项目经理是所负责项目的最大“老板”。

公司组织旅游团建，谁是这个项目的策划人就听谁的。旅游团建的项目经理规划好路线，企业高管也要听其指挥。

未来的企业经营没有绝对的中心，每一个人都可能成为中心，这也是未来组织的发展方向。

符合下列条件的人选都有成为项目经理或者进入项目组的机会：具备一定的能力，愿意付出，抗压能力强，执行力强（见图27）。

思考笔记

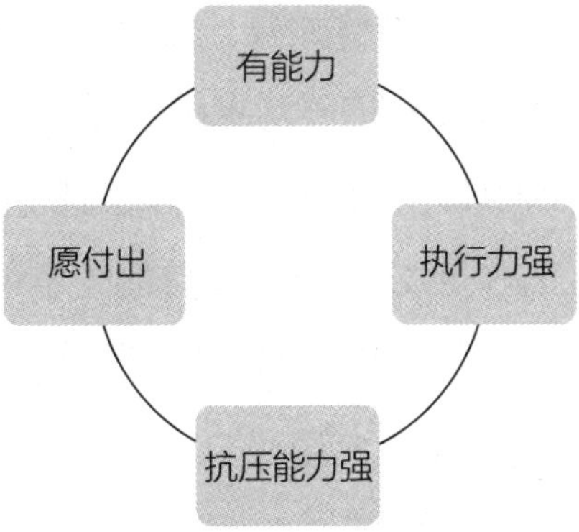

图27 成为项目经理或进入项目组的条件

如何验证员工有“大将”的潜质呢?

分配任务或者项目给员工，让他做负责人。例如，每年年底或者年初，大部分企业都会组织年会，此类活动就是项目，员工都可以来投标，每个人都有组织公司年会的机会，每年年会可以由不同的人做导演。

做导演，是锻炼人才的方式之一，企业要创造机会培养人才。能把公司年会组织得有声有色，这不是一个简单的项目。组织年会不同于部门工作：部门工作的参与者是你熟悉的部门同事，而参加年会的是企业的全体人员；让部门同事满意的工作容易做到，而组织一场让领导满意、让同事满意的年会真不容易。年会组织工作涉及方方面面而且烦琐，组织者需要多项管理能力，包括组织能力、沟通能力、协商能力，以及达成目标的能力。年会可以以项目的形式操办，其

思考笔记

他活动，如徒步健身、美食大赛、企业旅游等活动，是不是也可以以项目的形式委托培养对象组织呢？

矩阵式项目组织可以演化为企业内部的虚拟组织。虚拟组织指在职场工作关系之外，依托其他关系组建的组织，如依托朋友关系组建组织，连接员工的情感，打造企业文化。

罗德·瓦格纳在《伟大管理的12要素》中提到，在影响员工满意度的12个主要因素中，有一个非常重要的因素——员工在企业中至少有一个好朋友。

企业怎样做才能使员工在企业中至少有一个好朋友呢？

比较容易操作的一种方式就是建立虚拟组织，帮助员工因共同的爱好成为朋友。

企业部门通常是按照职能划分的，是纵向的，而虚拟组织是横向的。

如果员工在企业里有一个兴趣相投的好朋友，当工作中遇到挫折时，跟好朋友倾诉一下，负面情绪得以宣泄，这事也就过去了，离职率可能会降低。

这是企业建立横向组织的重大意义之一。

为此，企业可以建立多种横向组织，如健身组、旅游组、美食组等虚拟组织，将有共同兴趣爱好的员工组织起来。比如，财务部和采购部的某些员工都喜欢打羽毛球，这两个部门的人可以组成羽毛球小队，不仅发展了共同的兴趣爱好，而且打破部门间的壁垒，加深了两个部门的交流。

思考笔记

现以阿里巴巴虚拟组织为例说明其在企业文化中所发挥的作用。“阿里十派”是阿里巴巴企业文化建设的一部分，是阿里巴巴文化的传播机、快乐的制造者。

阿里巴巴的横向虚拟组织建设分为三大类：思想团建、生活团建、目标团建。团建的三大原则：要有释放点、甜蜜点和记忆点（见图28）。

横向组织的目标

阿里巴巴的横向虚拟组织建设：
思想团建、生活团建、目标团建

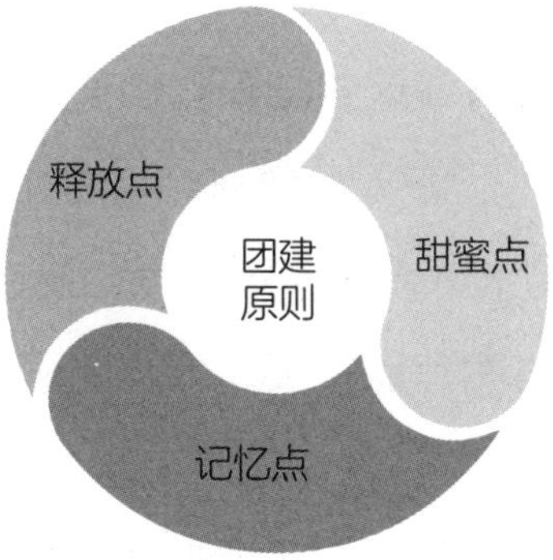

图28　阿里巴巴团建分类和原则

欧德张在《铁军团队：阿里巴巴强悍之道》如下说：

在阿里，最大的虚拟组织就是“阿里十派”。员工根据自己的爱好，分别加入10个不同的“帮派”——电影派、英语派、摄影派、宠物派等。阿里对“阿里十派”的评价非常高，说它是“文化传播机”“快乐制造者”，高度肯定了虚拟组织的价值。

除了可以根据爱好建立虚拟组织，也可以建立与业绩有

思考笔记

关的虚拟组织。

例如，当年我在深圳带团队时，销售人员个人单月最高业绩一直卡在70多万元，无法突破。我就向公司建议搞一个名为“百万俱乐部”的虚拟组织，只有销售额过百万元的销售才能加入，他们的照片会被放到“百万英雄榜”上，张贴在公司内。

当时的奖励方案也别具一格，因为公司奖励预算有限，我就建议奖励获胜的顶级销售办公楼下的两个停车位。

你肯定会问：“为什么是两个车位呢？”因为那样可以让他们横着停车，看起来很霸气，有面子。你可能觉得这个方案有点搞笑，但当时确实达到了效果：奖励方案推出的第二个月，就有4位销售人员的业绩突破百万元。

所以，不要低估虚拟组织的作用。有时，文化就是这么一点一点对业务产生刺激作用的。

阿里巴巴团队建设可以分为三种。

一是思想团建。

思想团建本质上就是对团队成员进行思想教育，在信念层面激励他们。这涉及激励的黄金圈法则。你会发现，那些非常善于激励人的领袖，他们在激励别人的时候，都是在讲一件事情——Why（原因），即为什么而战、为什么要那样做，比如丘吉尔和巴顿将军，他们一般不讲What（内容）和How（方法）。

思考笔记

所以，在做思想团建的时候，主要应讲清两件事：一是为何而战，为什么要努力，为什么要奋斗；二是这件事和他个人有什么关系。我们要把使命、愿景、战略这些理性目标转化为感性目标，转化成梦想，然后将其传递给员工。

有一次，我帮一家企业团建。当时，很多员工觉得相对于他们的竞争对手，公司的技术和产品都很落后，因此士气有些低落。于是我把电影《赛德克·巴莱》的一句台词读给他们听："如果你的文明是叫我们卑躬屈膝，那我就带你们看见野蛮的骄傲。"这句话是赛德克族人面对入侵的日本人说的。影片中，为了节省食物，母亲和妻子为男人们准备好食物后集体自杀，孩子们在射完最后一颗子弹后抱着敌人跳下山崖。这就是他们的骄傲。

你看，这句话在两家公司竞争时，多么应景。我说："是的，他们的APP（应用程序）比我们的好，技术比我们强，钱比我们多，但是如果他们的文明是让我们卑躬屈膝，我们就要让他们看到野蛮的骄傲。"员工听了之后士气高昂，那个月他们的业绩达到竞争对手的70%，而之前只有30%。

所以，团队的潜力是无限的，当你掌握了真正的激励方法，就能改变人们的思想，激发人们的潜能，这就是思想团建。

二是生活团建。

生活团建就是让团队成员共同经历一些事情，从而沉淀感情。工作的激情源于生活，一个不热爱生活的人是很难带

思考笔记

领人们快乐工作的，毕竟人不是机器。在进行生活团建时要注意以下三点：①释放点，就是大家要互相“裸心”；②甜蜜点，要设置一个能够让大家感动的环节；③记忆点，要留下可以记忆的内容，比如视频、照片或邮件。

以前在带团队的时候，我要求主管在每个月的团建中做到“三个一”，即一次聚餐、一次感动、一场旅行。当然，做生活团建的时候你要因人而异，带年长的团队成员去看纵贯线或张学友的演唱会，带年轻的团队成员去看话剧《活着》，带有活力的团队成员集体去踩动感单车，带文艺男女青年去大理、丽江旅行，你会收到很奇妙的效果。

三是目标团建。

目标团建就是带领团队达成目标。思想团建、生活团建都是为目标团建服务的。在实现目标的过程中，领导者需要根据“战斗”情况，植入信念和文化，激励团队。

要注意的是，打了胜仗固然好，但如果打了败仗，也要从中寻出闪光点，找到另一种角度的“赢”，以激励团队，为下一次“战斗”做准备。

日常管理中，思想团建、生活团建和目标团建需要持续进行，而目标团建，即带领团队打赢一场一场的“战斗”，效果是最持久的。

第七节
敏捷型组织

敏捷型组织，是能随着环境的变化而时时变化的组织。

敏捷型组织的特点见图29。

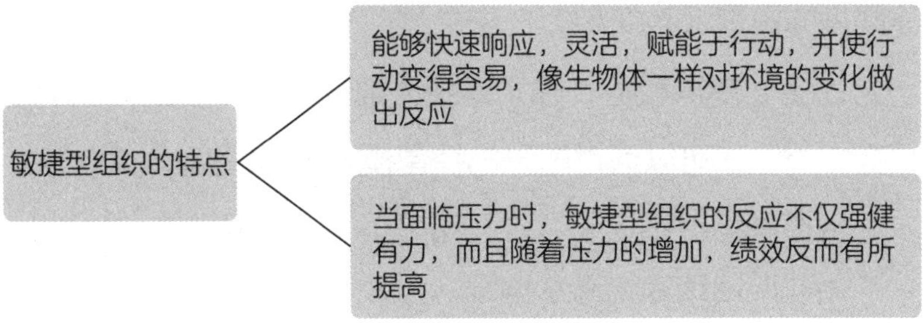

图29　敏捷型组织特点

很少有公司实现了整个组织的敏捷性，但很多公司已经在企业中建设敏捷型组织，并鼓励员工采用敏捷性工作方式。

一家企业想要敏捷，员工一定要“少”，100人够用，坚决不要101人，储备人才除外。管理是有成本的，管理越简单越好。

管理的本质就是简单。

管理的推演过程可以复杂，但是运作和呈现一定要简

思考笔记

单，简单才是力量。

企业学习管理的目的是使企业管理变得越来越简单，人与人的关系变得简单，人与事的关系变得简单，事与事的关系变得简单，从而企业效率会越来越高。

公司在初创时期一般都比较符合这个标准，所以很多企业家怀念的往往是创业时期，虽然管理处于初创期的企业很累，但工作却是充实、快乐的。

人际关系一旦复杂，公司管理就会变得复杂，很少有公司能做到管理极致简单。

让企业变得敏捷，除了组织人数变“少”，还可以把组织变“小”，可以通过阿米巴经营模式把组织变“小”。

敏捷型组织不仅要“少”和“小”，还要反应“快”。

企业的组织架构多久调整一次?

很多企业认为组织架构一年调整一次，事实上，部分企业多年都不调整一次组织架构。

企业的组织架构需要随“时”变，即环境一旦发生变化，企业的组织架构就要及时调整。

这里的环境分为两种：一种是内部环境，一种是外部环境。

比如，2020年的新冠肺炎疫情属于外部环境。疫情发生了，组织架构该如何改变？服务行业受到的冲击比较严重，对它们来说，活着是第一位的，其组织架构的调整要围

思考笔记

绕盈亏平衡进行。

比如，某家企业的盈亏平衡点是100万/月。此时此刻，企业就没有了财务部、人事部、市场部、销售部等，而设立了营销改善组、费用改善组。假如企业有100人，营销改善小组50人，费用改善小组30人，产品研发小组20人（见图30）。

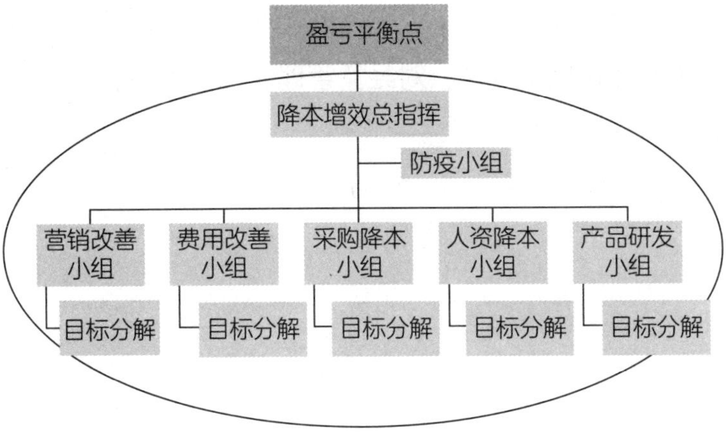

图30　新冠肺炎疫情下的某企业组织架构

组织三要素的第一条是组织成员要共有明确的目标，目标决定了组织，组织的运营目的是实现目标。

企业内部环境变化指的是什么呢？公司的战略发展方向调整，公司招聘了一个高人或者发现了一个不可多得的市场开拓人才，公司募集了大量资金，公司购买了最新的生产设备，这些都属于企业内部环境的变化。

思考笔记

当企业内部的人、财、物等重要资源发生变化时，企业组织架构要随之调整，适应变化。

所以，组织架构需要多久调整一次?

随时调整。

随着企业内部环境或者外部环境的变化，企业组织架构要随时调整。

组织架构不是摆设，不能一成不变。一成不变，说明企业对市场变化反应迟钝，对经营管理还没有入门。

思考笔记

第八节
无边界组织

解释无边界组织前，需要清楚什么是组织的边界。

企业作为组织，存在三种边界。

第一，部门和部门之间的边界，又叫部门墙，是传统科层制组织的产物。

第二，公司与客户之间的边界。

第三，公司与供应商之间的边界。

无边界组织是企业内部组织架构的建设的升维，从内部的一维组织升级到内外兼顾的二维组织。

传统的企业组织研究大部分局限于公司内部组织的研究，无边界组织在此基础上，不仅关注企业内部人、财、物，还要关注企业外部客户和供应链生态，对企业内外部组织进行分工与协作，从而把企业效能发挥得淋漓尽致。

以小米为例，小米公司早期创业时，研发小米手机采用的就是无边界组织。

小米公司成立于2010年4月，是一家以智能手机、智能硬件和IoT平台为核心的消费电子及智能制造公司。“为发

思考笔记

烧而生”是小米的产品概念，小米公司首创了用互联网模式开发手机操作系统、“发烧友”参与开发改进的模式。这些“发烧友”又是小米最忠实的用户，被称为“米粉”。

信息的流动是信任的传递。企业建立的用户关系信任度越高，口碑传播越广。小米让员工成为产品的用户，让员工的朋友也成为用户，要求所有员工“全员客服”，鼓励与用户做朋友。

小米手机是小米公司与用户共同研发出来的，研发过程中，小米公司打破了传统企业与用户之间的界限，用户得以参与产品研发。

思考笔记

第九节
阿米巴组织

什么是阿米巴?

阿米巴是变形虫(Amoeba),这是一种单细胞生物,虫体柔软,身体可以向各个方向伸出伪足,形体变化不定,故而得名“变形虫”。变形虫的最大特性是能够随着外界环境的变化而变化,不断自我调整、修复来适应生存环境。这种生物由于具有极强的适应能力,已经在地球上存在了几十亿年,是地球上最古老,也最具生命力和延续性的生物体之一。

地球上有许多类似变形虫阿米巴的生物。

比如,一条蚯蚓被切开,就变成两条蚯蚓。

比如,一只海星被切开,就多了一只海星。

比如,壁虎尾巴断了,还能长出新尾巴。

但变形虫阿米巴这种生物更厉害,它不但有“分身术”,还能把“分身”合起来。

变形虫阿米巴有三大特性:变、分、合。

第一,变。快速适应环境的能力。

思考笔记

与变形虫阿米巴同一个时代的生物还有恐龙，那是非常强大的，曾是地球霸主，但是最后却灭绝了，而小小的阿米巴至今依然活得很好，这与它的快速适应环境的能力分不开。

第二，分。独立并复制裂变的能力。

变形虫阿米巴能够自我复制和裂变。

第三，合。有极强的团队利他精神。

当外敌入侵时，若干变形虫阿米巴团队能够联合在一起抵御外敌。

稻盛和夫希望京瓷能够像阿米巴一样强大，于是将京瓷使用的这套经营管理模式命名为“阿米巴经营模式”。

阿米巴组织架构如图31所示。

阿米巴组织下，公司成平台，员工成创客，运营数据化。

阿米巴组织架构是稻盛和夫结合实际的微创新产物。

阿米巴独立核算体的学习对象来源于京瓷公司的供应商松下电器的事业部制，松下电器的事业部制来源于美国通用公司的事业部制，事业部制是直线职能制的发展和分化。

思考笔记

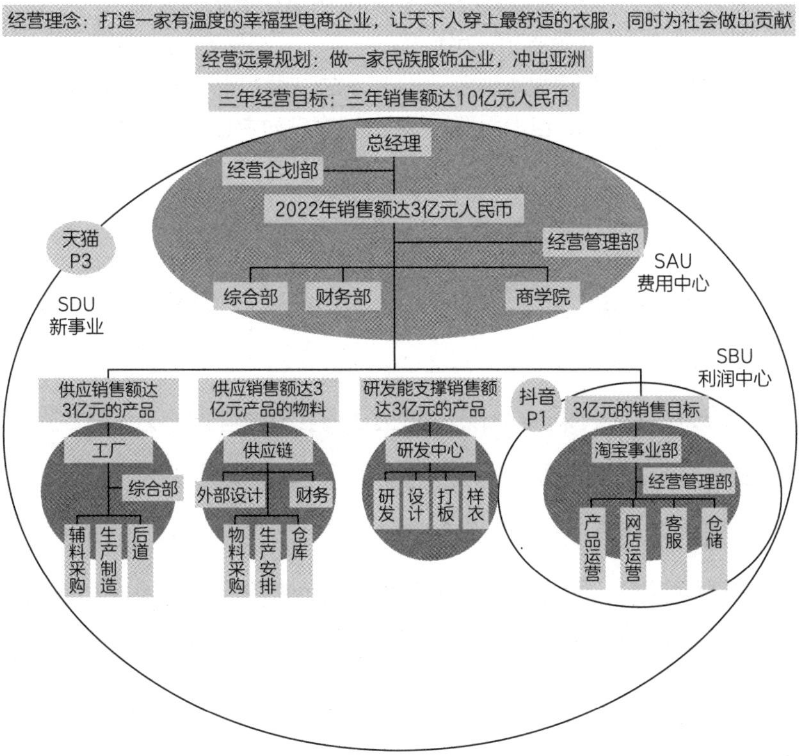

图31 阿米巴组织架构

所以，阿米巴组织架构与传统科层制组织架构有区别（见表2），但是并不是对传统科层制组织的否定，而是对其的优化与升级。

思考笔记

表2　传统科层制组织和阿米巴组织架构的区别

	传统科层制组织架构	阿米巴组织架构
1	规模越大，管理成本越高	独立核算机制，组织与激励合一
2	以领导为核心，自上而下的组织管理模式	以客户为中心，自下而上的组织管理模式
3	管控型	赋能型

阿米巴组织分为费用中心和利润中心，并对利润中心独立核算。

阿米巴组织架构不仅是企业的组织运营图，还体现了企业体制、文化和激励。阿米巴组织架构是有灵魂的。

阿米巴组织架构的灵魂是什么？

经营理念、愿景和长中期战略是阿米巴组织架构的灵魂。

阿米巴组织架构含有目标元素——年度经营计划。年度经营计划是一个组织一年的目标规划。阿米巴组织架构不仅包括目标，还包括目标分解，目标分解又被称作部门年度经营计划。

没有目标的组织是乌合之众，组织是目标达成的强力支撑。

企业的各个部门和成员的目标如果不一致，协作肯定不顺畅，协作不顺可能导致管理成本越来越高，利润可能越来越低。

企业员工的目标不是一致的，每多一名员工，对企业来说，都多了一份撕扯的力量。企业需要的不是撕扯力，而是

思考笔记

凝聚力。

因此，企业在规划组织架构过程中应该思想统一、目标统一，最终才能达成行动统一（见图32）。

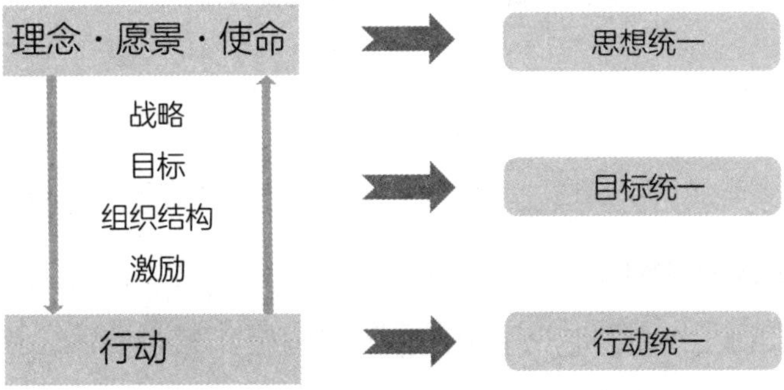

图32 组织目标的统一

思考笔记

第十节
如何规划有效的组织架构

对大部分公司来说，组织架构图是个门面或摆设，挺好看，但没啥用处。

实际上，规划好有效的组织架构是非常必要的。那么，应该如何规划组织架构呢？规划组织架构需要考虑哪些因素呢（见图33）？

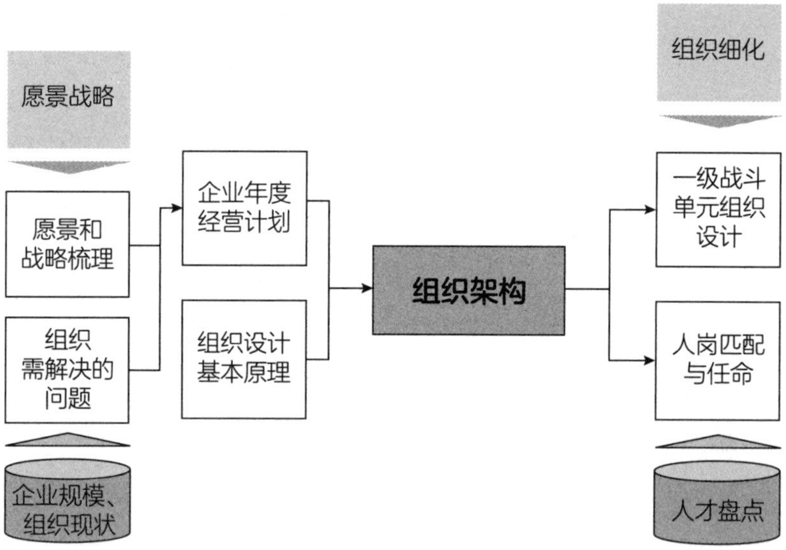

图33　规划组织架构需要考虑的因素

思考笔记

除考虑企业战略、组织现状、组织设计原理、人岗匹配等因素外，规划组织架构时，企业还应该考虑行业特点和企业核心竞争力。

组织效能受制于企业人才不足，企业人才培养所需要的投入又受制于企业年度目标的达成情况。

组织架构设计不是简单的岗位叠加，不是搭积木，组织的核心竞争力需要组织支撑，运营过程中组织要放大自身的核心竞争优势。

组织架构设计的基本规则是，横向考虑职能分工，纵向考虑管理层级，通过横向和纵向的排列组合达到效率最优。

一、组织划分常用方式

1. 按照职能划分部门

按照职能划分部门就是将完整的产品生产或服务过程切割成不同的职能片段，每个职能部门承担其中的一个或者若干环节。

按照职能划分部门的优点：第一，有利于确保组织的主要基本活动得到重视；第二，遵循了专业化原则，有利于提高员工工作效率，同时简化培训工作；第三，部门最高主管要对最终成果负责，从而为高层管理者实施严格控制提供条件。

按照职能划分部门的缺点：它容易使员工局限于自己职

思考笔记

能部门目标而忽视组织整体目标；部门间的协调比较困难；部门最高主管对最终成果负责，因而对各部门的绩效和责任很难评价，不利于企业培养综合管理人才。

2. 按照产品划分部门

在实施多元化发展战略的大中型企业中，按照产品或产品线划分部门的方法日益盛行。

实际上，按照产品划分部门就是在大型企业组织内部形成不同的战略经营单位，战略经营单位可称为产品事业部、项目事业部或者业务事业部，每个战略经营单位都是相对独立的利润中心，企业将更多的权力下放到各个利润中心，实现决策的分权化。图34是某企业按照产品划分部门而形成的组织架构。

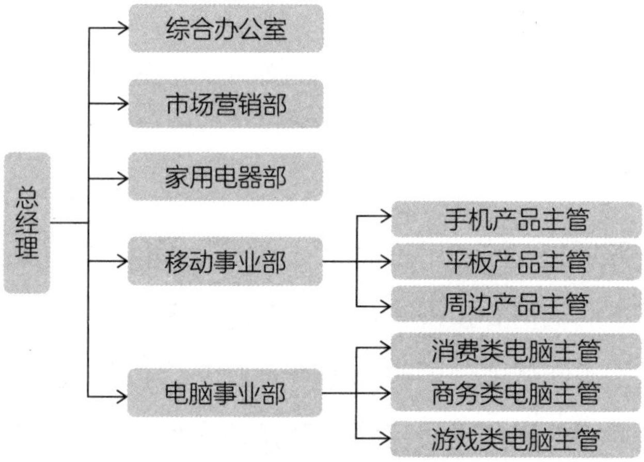

图34　按照产品划分部门

思考笔记

企业整体上确定按照产品划分部门的总体框架并组建相应的业务部门，各个业务部门或者战略经营单位可以根据实际情况选择按照职能或者按照产品等方式细化其内部架构。通过这种方法划分的部门是按照产品或产品系列组织业务活动。

基于这样的划分方式，部门能发挥专业效率，内部上下关系易协调；各部门主管能将注意力集中在特定产品上，有利于产品的改进和生产效率的提高。但是这种划分方式使产品部门的独立性比较强而整体性比较差，加重了主管部门在协调和控制方面的负担。

3. 按照地区划分部门

当企业的经营覆盖范围较广，或者其产品或服务存在明显地区差异时，按照地区划分部门是十分必要的（见图35）。

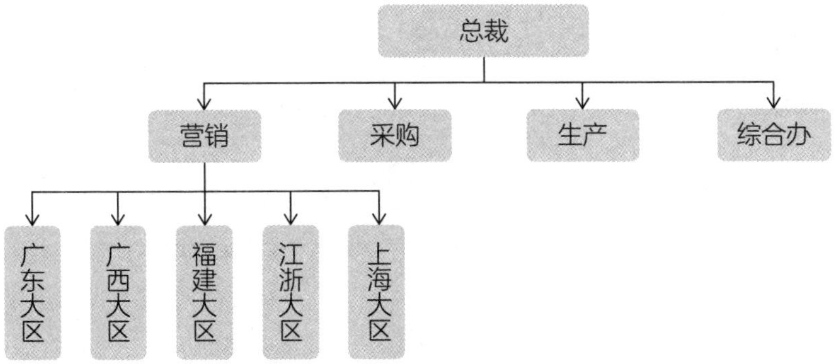

图35　按照地区划分部门

按照地区划分部门与按照产品划分部门的组织特点比较

思考笔记

相似，它强调地区内的横向协调，以适应各个服务地区的特殊需要。但员工往往对地区性的目标认同程度高，对整个企业的目标认同程度低，而且地区间的协调以及地区部门与总部之间的协调比较困难。

这种划分方法的优点：因地制宜，企业能够获得地方化经营的效益优势。缺点：企业需要更多的具有全面管理能力的员工；高层管理者对各部门的管理较困难，地区间不易协调。

4. 按照客户类型划分部门

按照客户类型划分部门是组织根据客户类型的不同而组建业务单元的方式，提供的产品可能非常相似，但由于客户群体不同，各业务单元往往需要采取不同的经营方式和营销组合策略（见图36）。这种划分部门的方式在商业服务业企业、电信运营企业中比较常见，制造业企业中也有一部分选择这种方式。

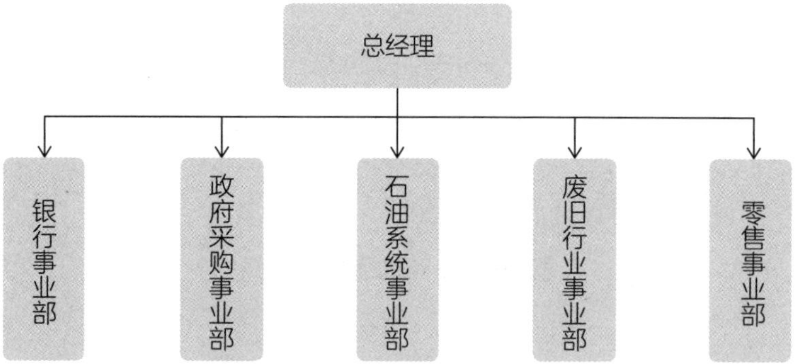

图36　按照客户类型划分部门

思考笔记

按照客户类型划分部门的主要优点：企业能够按照客户的性质和特点提供相应的产品和服务，更好满足特定客户的需要；能够通过与特定客户的广泛接触与沟通，快速实现产品、服务创新。它的缺点和按照产品或按照地区划分部门一样，不利于跨部门的资源共享和协调。

通常情况下，按照客户类型来划分的部门多数是企业内部的模拟利润中心，生产部门是成本中心。企业内部制订相应的内部核算价格，作为产品在内部各个环节流转中的经济责任制考核的依据。正因为如此，按照客户类型划分部门很少用于企业的高层组织中，对销售部门来说，按照客户类型细分组织还是比较常见的。

5. 按照销售渠道划分部门

这种部门划分方式与按照客户类型划分部门方式有相似之处，但两者考虑的重点不同：后者侧重最终客户，即消费者或用户，前者侧重将产品分配至最终客户所要经过的中间商。按照销售渠道划分部门如图37所示。

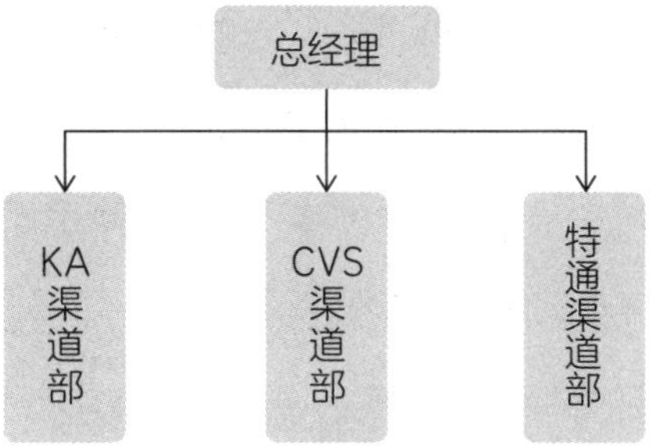

图37 按照销售渠道划分部门

思考笔记

6. 按照项目划分部门与按照职能划分部门相结合

按照项目划分部门的方式，在现实生活中由于多方面的原因，可能不易实行。

例如，某些专业人员可能不能忍受经常性工作变更带来的不安全感。再如，有些项目小组在完成某些任务时可能需要贵重的机器设备，这些设备不可能在任务开展的全部时间内得到充分利用，还会在具体任务变更时闲置不用。

为了保证资源的有效使用，也为了给各类专业人员提供稳定而有共同语言的“家”，项目小组经常在一种矩阵架构中运作，将各类专业人员安置在各职能部门中，然后根据任务开展的需要从各职能部门抽调有关人员组成项目小组。工作进行时，这些人员同时接受职能部门领导和项目小组领导的双重指挥。工作完成后，有关人员回到自己所属职能部门，领取新的工作任务，加入新的项目小组。这就把按照项目划分部门和按照职能划分部门结合起来，形成矩阵型组织。

在这种具有两个顶头上司和双重职权关系的矩阵型组织中，职能部门是每个人的“家”，项目小组是他们的工作场所。每个人在某段时间的具体工作场所可能是变换的，但无论何时，他都有一个稳定的“家”。这种灵活性和稳定性的结合，正是矩阵型组织所特有的。

具有双重职权等级关系，是矩阵型组织的一大显著特征。因为产品经理具有这种正式的职权，所以，对于协调与

思考笔记

某一产品有关的各职能部门的活动具有较大的功效。由于这个原因，由产品管理小组和职能部门交叉构成的矩阵型组织，在需要对外界环境变化做出迅速而一致反应的制造业企业（如电子工业、塑料工业企业等）中得到了相当广泛的应用。

7. 按照人数划分部门

单纯地按照人数来安排业务活动是一种最原始、最简单的划分部门的方式。当最终成果只是取决于总人数，或者每个人的贡献都是单纯无差别的简单劳动时，采用这种方式是有效的。

随着组织不断壮大，分工成为提升效率最常用的方法之一，分工的目的是追求专业化，同时，细化分工可能导致协同效率降低，所以设计组织架构时需要同时考虑分工以及分工带来的管理成本。

二、组织设计的原理与方法

组织设计的原理包括两部分：一是架构设计，二是机制设计。

架构设计规则影响组织设计。

第一，组织的协作与制约，组织设计就是组织协作完成一个共同的目标，组织内部需要根据不同的情况设定一部分相互制约的部门，如采购部门一般不兼管仓库，财务部门一

思考笔记

般不兼做采购等。

第二，根据研发、采购、生产、销售的企业价值链逻辑进行横向设计。

第三，纵向设计管理的层级。

第四，企业的现有人才与准备引进的人才。

企业的下列机制规则影响组织架构设计。

第一，责、权、利机制。

第二，企业重要管理制度、流程。

第三，企业内部信息流与沟通机制。

第四，企业的激励机制。

三、组织设计的四大步骤

第一步，明确组织成员共有的、清晰的目标。

这里的目标包含两个：战略目标和年度目标。

战略目标和年度目标直接影响组织架构设计，同时年度目标又是战略目标的分解。

比如，某家企业的年度目标是实现1亿元的营业收入还是实现10亿元的营业收入，其对应的组织架构设计应该有所区别。

第二步，明确企业组织的现状与存在的问题。

比如，企业内部有两名核心高管，而且这两个人不和，那么应该考虑把这两个人分开到不同的部门，避免内耗，影

思考笔记

响工作效率。

第三步，细化组织架构。

组织架构细化是实现企业精细化管理的第一步。公司级组织架构确定以后，公司会对部门组织架构以及三级部门的架构层层细化，组织精细化的标准就是支撑组织目标的达成。

第四步，确定是以岗定人，还是以人定岗。

设计组织架构的过程中，首先应该考虑需要哪些岗位来匹配目标，其次考虑现有员工能否匹配岗位职责，根据员工应胜任岗位的原则，确定岗位是否合并或者拆分。

也就是说，先考虑以岗定人，再考虑以人定岗。

四、管理层级与扁平化组织的构建

随着企业规模的扩大和员工数量的增加，管理跨度过大，组织必然通过增加纵向层级来解决横向管理跨度过大的问题。

管理层级的增加满足了业务扩展和人员扩充的需求，同时也增加了管理岗位和成本，信息传递效率会因为管理层级的增加逐渐降低。

管理跨度×管理层级＝组织规模

管理跨度的大小与层级数目成反比例关系。

管理层级多将导致信息沟通复杂化：信息失真与过滤；计划与控制复杂化。

思考笔记

高层管理者的管理跨度通常是4—8人；基层管理者的管理跨度一般为8—15人。

有A和B两家公司，A公司管理跨度为4人，B公司的管理跨度为8人（见表3）。

表3 A、B两家公司管理跨度对比

层级	A公司人数	B公司人数
1	1	1
2	4	8
3	16	64
4	64	512
5	256	4096
6	1024	
7	4096	
	管理层级=7	管理层级=5
	管理人员=1365	管理人员=585

A和B两家公司的员工同样是4096人，因为管理跨度的不同，B公司更加扁平化，管理层级有5层，而A公司的管理层级是7层。

B公司的管理人员减少了780（1365-585）人，假设

思考笔记

A、B两家公司的管理人员每人每月5000元工资，每年B公司在管理人员薪酬支出方面可以节约4680万元。

组织扁平化受某些因素制约（见图38）。

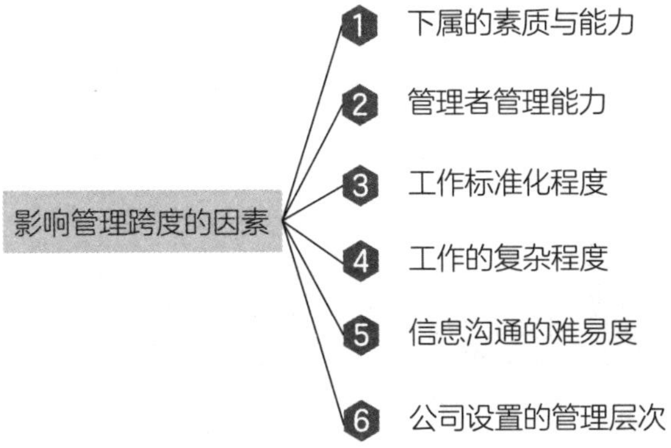

图38 影响组织管理跨度的因素

五、一位好领导就是经营好3张图

领导要经营好的第一张图是组织架构图（见图39）。

图39 组织架构图

思考笔记

领导要经营好的第二张图是业务战略地图，就是企业打算开拓哪里的业务，是本市或本区的，还是全国的，甚至全球的。开拓到哪里，企业就把胜利的旗子插在哪里。领导天天看业务战略地图，经营才有灵感。

领导要经营好的第三张图是人才版图（见图40）。

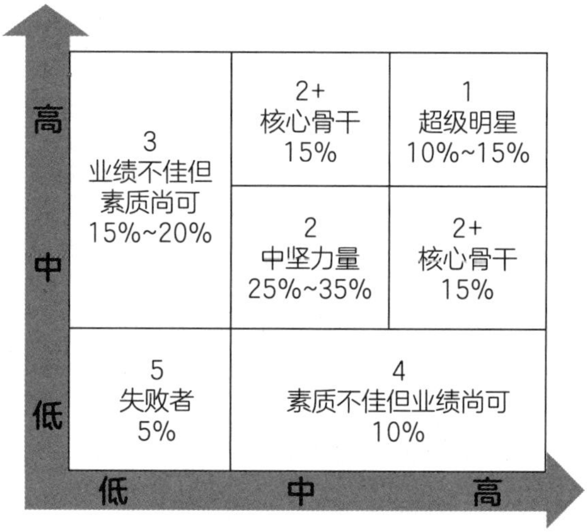

图40　人才版图

人才的选拔和使用已经成为企业发展的瓶颈。企业只有先了解员工，才能理解员工，最后才能发挥好员工的优势和潜能。

建议企业制作好这3张图，打印出来，张贴在办公室的墙上或者放在随时能够看到的地方。

第四章 组织运营的责任、权力和利益

思考笔记

第一节
组织运营的逻辑

企业的组织架构是“表”，组织架构之下的责任、权力、利益的平衡是“里”，与责任、权力和利益相关的机制是组织架构能够稳定输出价值的基本保障和催化剂。

大家可以把企业的组织架构图看成“排兵布阵”图，新的高层管理者加入企业，看到企业的组织架构图就能够找到自己的位置，并迅速投入“战斗”，因此组织架构图又是企业的组织运营图。

传统模式下的企业运营逻辑如图41所示。

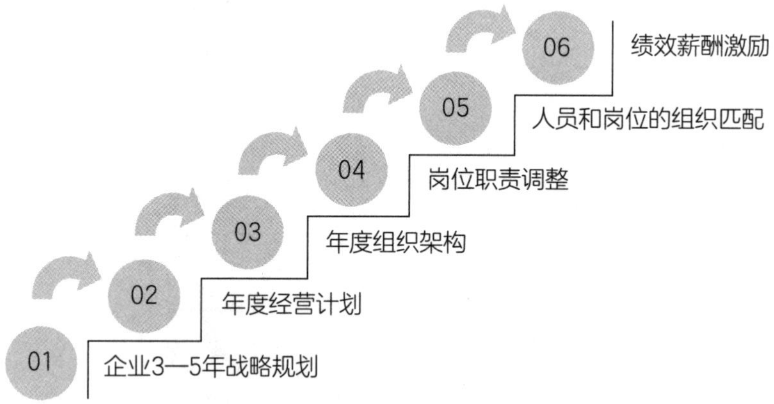

图41　传统模式下的企业运营逻辑

思考笔记

主流企业认可的企业运营逻辑如下所述。

一、从战略到年度经营计划

企业应该首先确立3—5年的战略规划，然后在战略规划的指导下编制当年的年度经营计划。比如，一家企业当年的销售额是5000万元，未来3年的战略小目标是实现年销售额1亿元，目标分解如表4所示。

表4 未来3年战略分解表

	当年	第一年	第二年	第三年
销售目标	5000 万元	6500 万元	8125 万元	10156 万元
增长率	/	30%	25%	25%

当年的销售额是5000万元，按30%的增长率计算，第一年的销售额就要达到6500万元，第二年、第三年以此类推。

那么，问题来了。

这个逻辑有问题吗?

这个逻辑没毛病，我们接着往下看。

企业目标的制订往往是企业领导者最头疼的问题之一。

第一，目标制订之难在于领导者要与员工博弈，领导者与员工的目标不统一。

第二，目标制订之难在于目标管理与绩效管理的冲突，目标订高了，绩效自然低了，人性会驱使绝大部分人选择保守目标。

第三，如何制订目标？利用责权利对等模型，通过利益

思考笔记

倒推责任来实现。

第四，制订多少目标是合理的？这是没有标准答案的，只有制订目标的原则：制订的目标至少不低于GDP增长速度；制订的目标至少不低于行业平均增速；制订的目标是企业战略大目标的分解。

第五，目标大多数是拍脑袋定的，这种制订目标的方法合理吗？

目标是愿景，目标是北斗星，目标是指南针，企业需要目标，但目标不一定需要完成。

因此，目标管理的核心是结果过程化，实现目标的方法与过程比结果更重要。

二、从年度经营计划到年度组织架构、岗位职责、人岗匹配、绩效薪酬

组织有三要素：目标、分工与协调。

年度经营目标根据三年战略规划确定后，企业就要根据目标确定公司的组织架构。

组织架构的分级方法：公司整体为一级组织，一级组织之下是以各部门为主的二级组织，以此类推。

组织架构一般至少要划分到三级组织。

那么，组织到底要细分到什么程度呢？细分标准是什么呢？

思考笔记

组织细分是企业为达成经营目标做出的“排兵布阵”，是企业经营计划在组织和职能层面的分解，同时组织目标也需要组织去承接。因此，建议组织划分到最小主管单元，如，生产型企业的最小主管建议细分到班组长。如果企业组织规模较大，组织架构没有办法在一张图中体现的，一般会分级划分组织单元。

企业组织架构确立后，一方面需要调整岗位，另一方面需要调整岗位职责。

最后，组织架构要与绩效考核和以薪酬为主体的激励机制相匹配。

上述的企业运营逻辑从战略到激励机制的6大模块内容，单独拿出来都是合理的。那问题出在哪里呢？就在模块与模块之间，管理模块之间并不是严丝合缝的，有“漏洞”。

例如，第4个模块是岗位职责，是大家比较熟悉的岗位职责说明书。每家企业的每个岗位，都需要岗位职责说明书。岗位职责说明书就像流水线工人面前的工艺流程指导说明，流水线上的工人只需要按照工艺流程指导说明的流程和步骤作业就可以。

但是经营企业和生产产品是不一样的。

生产制造型行业的工人之所以能够按照工艺流程指导说明的流程和步骤工作，是因为他们的工作都是高度流程化和标准化的。企业经营恰恰相反，大部分是不能够被标准化的，即使部分工作能够标准化，也会因此损失一部分创新与活力。

某些高层管理者有一种偷懒的想法，认为只要把岗位职责描述清楚，把要干的事情列好清单，员工就会做好。于是乎，企业花费大量时间整理、讨论与书写岗位职责（见图42）。

<table>
<tr><td rowspan="4">岗位</td><td rowspan="4">基本信息</td><td>岗位名称</td><td>办公室主任</td><td>隶属部门</td><td>办公室</td></tr>
<tr><td>岗位编码</td><td></td><td>直接上级</td><td>分管副总经理</td></tr>
<tr><td>薪资等级</td><td></td><td>直接下级</td><td>行政专员、行政内勤、司机、内保</td></tr>
<tr><td>可轮换岗位</td><td></td><td>定编人数</td><td>1人</td></tr>
<tr><td colspan="2">工作概述</td><td colspan="4">全面负责行政后勤事务管理和安全管理工作，协调对外行政关系事务。</td></tr>
<tr><td colspan="2">工作职责与任务</td><td colspan="4">1. 在分管副总经理领导下，负责主持办公室全面工作，组织并督促部门人员完成部门职责范围内的各项工作任务；
2. 协助上级领导起草、审核本公司综合性的经营管理报告、总结、计划、决议等文件、函件；
3. 负责组织起草综合性业务规划，周工作汇总，月度工作总结和简报，季度、年度工作总结和公司请示、通知等公文函件并审核待签发的文稿；
4. 负责公司管理体系搭建，指导公司行政、后勤管理缺席，优化工作流程、组织、协调监督、制度的落实；
5. 协助上级领导筹备各类会议，协调好各方面工作，保证会议的顺利，并传达会议精神，并检查各业务部门贯彻执行情况；
6. 负责公司行政费用支出预算计划的执行情况，并按公司规定执行奖惩条例；
7. 拟定公司固定资产、低值易耗品、办公用品等方面管理的规章制度；
8. 负责进行公司固定资产管理，保证公司固定资产不流失；
9. 做好公司行政后勤管理服务相关工作，为员工创造良好办公环境；
10. 负责公司行政检查体系制度的建立、完善、督导和落实；
11. 负责公司证照的变更、年审、对各政府部门的报送材料等工作；
12. 组织、安排重要客人来访的接待工作，协调内外关系，宣传企业文化和公司理念，树立公司的良好形象；
13. 负责公司印鉴、介绍信使用和保管。</td></tr>
<tr><td colspan="2">工作绩效标准</td><td colspan="4">1. 行政管理工作的合理性、有序性，为公司开发经营提供后勤保障；
2. 行政管理制度的适宜性和可操作性；
3. 行政管理目标计划的达成率和实施有效性；
4. 行政事务问题处理的及时性和有效性，员工的工作满意度；
5. 印章的保管、使用情况；
6. 车辆调配的合理性和交通事故发生率。</td></tr>
<tr><td colspan="2" rowspan="4">工作关系</td><td>所受监督</td><td colspan="3">受分管副总经理的工作监督</td></tr>
<tr><td>所施监督</td><td colspan="3">对本部门工作人员的工作实施监督，协调各级人员之间的关系</td></tr>
<tr><td>内部关系</td><td colspan="3">与公司内所有部门发生协作关系</td></tr>
<tr><td>外部关系</td><td colspan="3">与来访人员、业务联系和各政府部门发生联系</td></tr>
<tr><td colspan="2">工作权限</td><td colspan="4">1. 所属人员工作岗位调动权、工作指导权、分配权、监督考核权；
2. 有对行政后勤管理和安全管理目标计划的审批权；
3. 对行政管理制度实施违规的纠正权和处罚权或处理申报权；
4. 有对行政管理费用限额范围内的审批权；
5. 车辆使用调配权。</td></tr>
<tr><td colspan="2">工作时间</td><td colspan="4">在规定时间内上班，有时需要加班</td></tr>
<tr><td colspan="2">工作环境</td><td colspan="4">在办公室工作</td></tr>
<tr><td colspan="2" rowspan="4">任职要求</td><td>知识及教育水平要求</td><td colspan="3">拥有行政事务管理、经济法及公共关系等方面的专业知识。了解房地产经营管理方面的知识、大学专科以上，经济管理或行政管理相关专业</td></tr>
<tr><td>技能要求</td><td colspan="3">中级或以上职称；行政事务分析处理能力，外协关系的公关能力，良好的人际关系；较强的口头表达能力和组织协调能力；熟悉计算机的应用及操作技能</td></tr>
<tr><td>工作经验要求</td><td colspan="3">5年以上管理工作经验；至少2年以上行政主管工作经验</td></tr>
<tr><td>基本素质要求</td><td colspan="3">具有强烈的责任心；仔细认真；工作严谨、善于沟通</td></tr>
</table>

图42　常见的岗位职责说明书截图

认真想一想，岗位职责说明书如果有用，还要管理者干吗？按照岗位职责说明书直接工作不就可以了吗？

岗位职责说明书写得好，不代表工作能干得好；反之，有些人工作干得很好，也不能说明岗位职责说明书写得好。工作

思考笔记

干得好不好和岗位职责说明书是否完善，完全是两码事。

所以，管理不能做成“文案主义”。

那为什么很多管理者都特别喜欢写明岗位职责说明书呢?

因为岗位职责说明书的背后逻辑是责任。管理者认为岗位职责确定好，岗位职责说明书写好，员工就会按照职责说明书好好工作，好好负责任，如此一来，高层管理者、中层管理者的工作也会轻松些。

另外，岗位职责说明书还可被用于管控。如果员工没有按照岗位职责说明书工作，管理者就有权力考核或者处罚员工。

毋庸置疑，岗位职责说明书本身对工作有一定的指导作用，如果管理者只是把岗位职责说明书当作监督、管控员工的工具，那它发挥的作用是有限的。

关于企业绩效考核，根据笔者经验，大部分企业对自己的绩效考核不满意。

绩效考核这个管理工具处于同岗位职责说明书一样的尴尬境地，不用不行，用了“刺挠”。

岗位职责说明书与绩效考核，这两个工具在大部分企业的应用层面的定位是相同的——管控工具。与不喜欢规定这规定那的岗位职责说明书一样，员工也不喜欢被绩效考核工具考核。

切记，绩效考核不等于绩效管理。

绩效考核无罪，绩效考核只是绩效管理的一部分，企业在实操过程中不要以偏概全。

思考笔记

第二节
组织，从管控到赋能

要解决从管控到赋能的组织转变，需要做什么呢?

深入学习管理工具，如深入学习绩效考核，实现从绩效考核到绩效管理的转变。

从企业文化的牵引着手。很多中小民营企业的企业文化就是“老板文化”。“老板文化”就是“心”的文化。心法到了，技法都不是什么问题。

曾创立过两家世界五百强企业的稻盛和夫说过：“很多人以为，京瓷成功是因为有先进的技术，而且抓住了机会。但我认为绝非如此。我认为京瓷之所以成功，是因为京瓷经营判断的基准，不是‘作为京瓷，何谓正确’，更不是‘作为经营者的我个人，何谓正确’，而是‘作为人，何谓正确’。因而它具备了普遍性，能够为全体员工所共有。我认为京瓷成功的原因就在于此，除此之外，没有别的原因。”

“无奸不商”仅适用于物质匮乏的时代，更何况这个成语演变于“无尖不商”。“无尖”的“尖”是古代的度量工具——斗。古代米商做生意，除了要将斗装满外，还要再多

思考笔记

舀上一些，让斗中的米冒着尖，尽量多给客户实惠，以此博得回头客，所以称为无尖不商。因此，古代的“无尖不商”是正能量。

所以，要用“心”做企业。

首先，爱护员工，帮助员工，让员工能够赚到钱——员工不仅能够赚到钱，而且能够开心地赚到钱，按照这样的想法做企业就没有太大问题。

其次，提升员工的认知能力，以及解决问题的能力。长此以往，企业就可以回归到创业初期的小团队那种自动自发工作的文化氛围和状态。

回想当年创业的时候，一家公司可能就三五个人。跟着创业的三五个人需要监督吗？需要管控吗？需要做绩效考核吗？都不需要。虽然没有规范化的管理制度，但是，三五个人都非常给力，不偷懒，主动工作，加班加点地工作。

从人性和人心角度来说，组织未来发展的趋势必定是小团队组织模式。

思考笔记

第三节
终极解决方案：组织设计与责权利对等

管控式管理，会带来什么结果呢?

管控式管理属于被动管理，在管控式管理模式下，员工是被动执行任务的。

管控式管理的逻辑强调责任，弱化利益。

解决方案就是一个公式：责任=权力=利益。

离开利益谈责任都是白谈!

根据责权利对等模型，企业组织运营可以分为三种情况。

一、责任小，利益大（见图43）

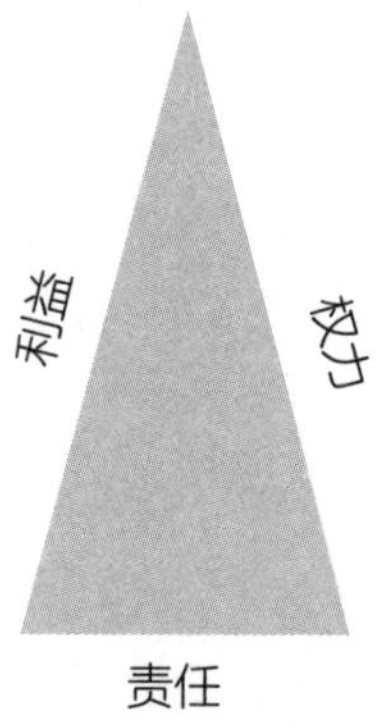

图43　责任小、利益大的责权利对等模型

思考笔记

责任比较小，但是收益却很大。这种情况多出现在老员工或“皇亲国戚”身上，还有一部分老板为了“兄弟感情”采取这种补贴方式。

殊不知，这样的做法只会伤害企业中的勤劳员工，对当下为公司做出贡献的员工来说是一种极不公平的做法，破坏公司文化氛围，贻害无穷。

二、责任大，利益小（见图44）

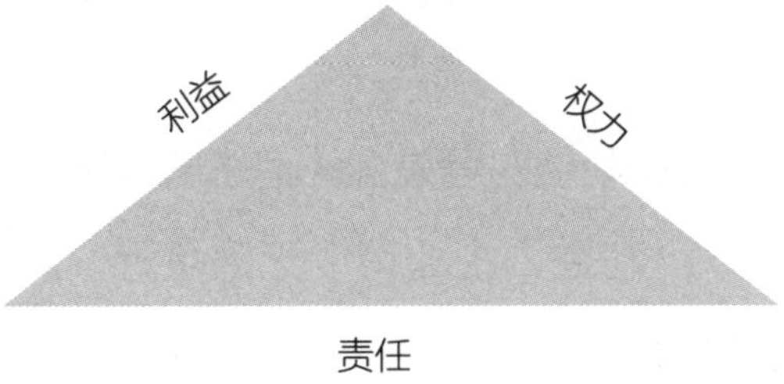

图44　责任大、利益小的责权利对等模型

责任比较大，但是收益却很小。出现这种情况时，多是企业整体机制出现了问题，企业需要重新调整组织运营模式，从责任目标体系到激励体系都需要重新梳理与匹配。

思考笔记

三、责任和利益对等（见图45）

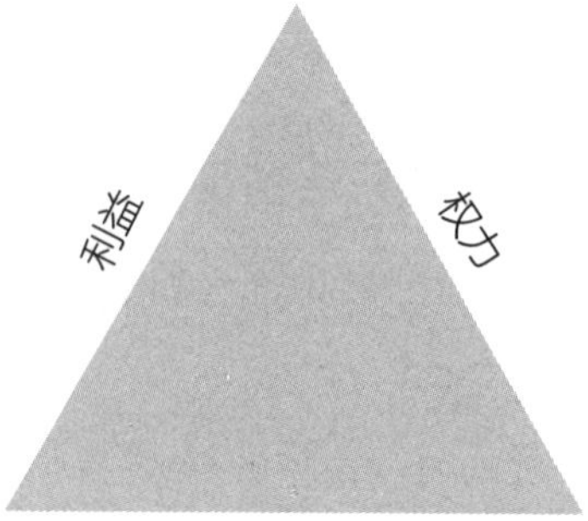

图45　责任和利益对等的责权利对等模型

责任、权力和利益对等是企业追求的目标。

责任=权力=利益，企业可以无限接近，却永远达不到绝对的责权利对等。

如果，这个公式反过来应用，利益=权力=责任，这就是翻天覆地的变化，是思维认知和经营企业境界的飞跃。

责任、权力和利益三要素要放在一起谈，切不可分开。

我们用责权利对等公式分析企业现实中碰到的问题。

首先是责任。

为什么大家都不担当责任？为什么企业要整理岗位职责说明书？为什么大部分员工不喜欢绩效考核？为什么要给员工制订目标？

每年公司制订年度目标，都是非常困难的。公司想要

思考笔记

制订1个亿的目标，但是员工告诉公司领导今年最多只能完成8000万。为什么做不到1个亿呢？员工会告诉公司领导，可能产品不足够好、团队还在磨合、竞争对手降价等，原因五花八门。员工提出各种原因的目的是降低目标值。员工担心、害怕高目标，这又是为什么呢？

这里我们先探讨为什么有的员工不喜欢责任。在他们的心里，责任就是风险，责任就是累赘，责任就是吃亏，责任限制了自由。所以，他们不愿意主动承担责任。

目标是什么？目标是责任！

因为员工知道今天定了目标，明天考核就会到，目标越高越难完成，目标没完成就会扣绩效工资，甚至扣年终奖金与分红。让员工自己给自己定目标，无疑是让员工自己为难自己，是让员工脑袋里面的两个小“人”博弈，最终看“善”战胜了“恶”还是“恶”战胜了“善”。

想要解决这个问题，方法特别简单，就是抛开目标，先谈利益，即利益=权力=责任。

例如，某员工去年赚了20万元，那么他今年想不想赚30万？如果他想赚到30万，企业给其匹配相应的资源（实现自己利益的权力）。最后根据员工的收益和公司付出的资源，倒推销售目标需要增长多少。

如此一来，目标就定下来了。

记住，不要离开利益谈责任，离开利益谈责任都是耍流氓。

思考笔记

第四节
“责任=权力=利益”如何落地到企业中去

虽然责权利对等公式的落地问题是管理学中的难题，但是，时至今日，随着管理学的发展和实操经验的总结，还是有方法可以使责权利对等公式落地的，那就是量化分权。

管理学中有句经典的话，“不量化就不能管理，不能被量化的就不能被管理。”

什么是量化？简单解释，量化就是数字化或数据化。

量化管理，就是把企业运行相关的责任、权力、利益用定量的数字方式表达，而非用定性的方式来表达。

量化分责，量化分权、量化分利。

社会在进步，企业亦是一样，企业运营一定要朝着数字化方向前进，中国企业的数字化管理升级还有一段很长的路要走。伟大的中国，要有伟大的企业，伟大的企业更需要有说服力的经营管理模式。

思考笔记

一、量化责权利工具——经营量化损益表（见图46）

经营量化损益表
①销售额
②变动成本
③边际利润
④固定费
⑤利润

图46 经营量化损益表框架

什么是损益表？损益表是反映公司在一定期间利润实现（或发生亏损）的财务报表，损益表可以为报表的使用者提供做出合理经济决策需要的有关资料，可用来分析利润增减的原因，或做出投资价值评价等。

在经营量化损益表基本逻辑不变的前提下，可以做某些优化调整，如图47所示。

经营量化损益表	
①销售额	销售收入合计
②变动成本	随销售而变的成本
③边际利润	③=①-②
④固定费	不随销售而变的成本
⑤利润	⑤=③-④

图47 经营量化损益表的优化

思考笔记

损益表不是什么稀奇的管理工具，每家公司几乎每年每月都在使用。

我们可以赋予损益表新的能力与意义，就是用这张表去实现责权利对等公式，如图48所示。

经营量化损益表	
①销售额	责任
②变动成本	权力
③边际利润	责任
④固定费	权力
⑤利润	责任

图48　损益表与责权利对等公式的落地

销售额，是企业的销售目标，也是每位经营者的责任。与此同时，边际利润和利润也是每位经营者的责任。

要实现销售目标、利润目标，需要多少人、多少钱、多少产品、多少设备，这些统统都可以量化为企业成本或费用。这些费用恰恰是每位经营者的权力。

那么，利益在哪儿呢？

利益的实现有四大渠道：变动成本内、边际利润内、固定费内、利润内，如图49所示。

思考笔记

激活人心的经营量化损益表	
①销售额	
②-1变动成本	
②-2提成或计件奖金	利益
③边际利润	利益
④-1固定费	
④-2员工工资	利益
⑤-1利润	
⑤-2超额利润奖金或分红	利益

图49 激活人心的经营量化损益表

第一，利益在变动成本内。随着销售额变化而变化的激励奖金，在企业的财务报表里一般称为销售提成或计件工资。

第二，利益在固定费内。利益包含在员工的固定工资中，华为的员工工资包就采用这种激励方式。

例如，某销售部门去年的销售目标是1000万元，人工工资占比10%，人工工资就是100万元。今年同样的人数，销售目标达到了2000万元，人工工资占比不变，人工工资就是200万元，相当于工资翻了一倍。

第三，利益在边际利润或利润内。

当某经营部门赚到的“毛利”或“净利润”达到销售目标时，意味着责任完成时，企业可以给这个部门和部门人员兑现激励奖金。

思考笔记

常见的量化分红方式有毛利分红法和利润分红法。

这种管理方法的实施原理是，通过企业关心员工的收入，激励员工关心客户，从而获得销售收入和利润。

如此一来，管理者和员工在目标责任上不再是博弈关系，他们的目标都是一致的，那就是赚钱。

《孙子兵法》：“上下同欲者胜！”

组织架构一变，责任、权力、利益就会发生变化，组织架构是企业运营的导航图。

第五章

组织管理变革方法论

思考笔记

第一节
组织管理变革的重要性

达尔文曾说过，能够生存下来的物种不是最强的，也不是最聪明的，而是最适应环境变化的。

什么是变革？变革指为了达到某种目标而进行决策、规划，进而采取“变化+转变”的整个过程，如图50所示。

图50　变革的过程

管理变革是检验企业高层领导力的重要标尺之一，不懂管理变革的企业高管是不合格的。企业的所有变革都以组织变革为基础，如图51所示。

思考笔记

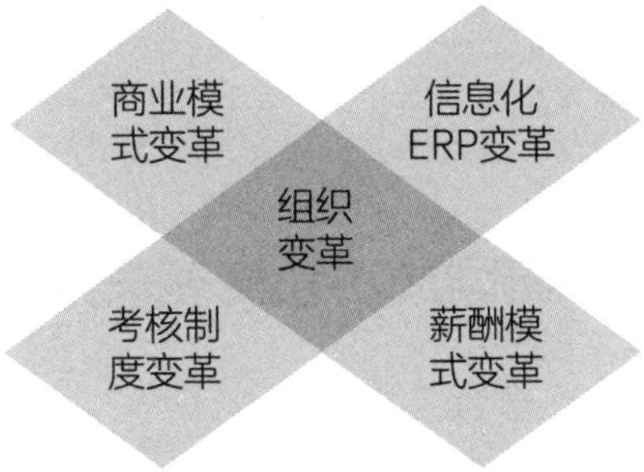

图51 所有变革都以组织变革为支撑

一家企业，每年、每月，甚至每日，都需要做这样或那样的改变，如导入信息化工具ERP、制订新的绩效考核制度、实行新的薪酬制度等。

思考笔记

第二节
秦国成功和秦朝失败

那么，怎样进行组织管理变革呢？有些公司是越变革越好，有些公司是越变革越差。成功与失败之间的“黑匣子”之谜，到底是什么？是不是有方法？是不是有逻辑？

战国时期，秦国的强大始于商鞅变法。商鞅变法为什么能够成功？因为他遇到了一位好老板。如果这场改革换一个老板的话，大概率会失败。因为，商鞅所提出的改革方案需要具有非常大的魄力的人才能够推行下去。

变化政策的实行，靠的是绝对的法制，基本上是用这种方法来推行改革。商鞅变法的成功，是秦国的成功，并不一定是秦国老百姓的成功。

秦朝为什么又快速灭亡了呢？

秦始皇的理想是嬴氏家族能够一世二世三世，一直到万世地统治中原大地，但是事与愿违，秦朝只统治了很短的时间就灭亡了。

秦朝这家超级巨无霸“企业”的轰然倒塌，原因之一在于统一六国以后，继续使用秦国的管理机制。商鞅变法的

思考笔记

重要战略目标之一就是战争，是公司兼并。秦统一六国后，环境发生了翻天覆地的变化，六国百姓经历多年战争，需要的是填饱肚子、安居乐业，需要的是休养生息，秦朝的管理层没有根据环境变化及时调整管理机制，进行第二次管理变革，结果不言而喻。

思考笔记

第三节
4分钱奖金的故事

20世纪70年代，与繁华香港直线距离仅五六千米的蛇口，还是一片荒地，很多年轻人从这里偷渡去香港，有些不幸被淹死。袁庚当时担任招商局的主要领导，看到这样的场景，非常心痛。他向中央汇报时说，“搞点试验，探索一下中国未来的经济走向”，很快得到批准。

1979年，蛇口工业区正式开始建设，这在当时非常困难。建设蛇口的第一个码头——顺岸码头时，需要炸山填海，清理淤泥，工作量非常大。工人按部就班回填清淤根本无法保证工期，工程进展缓慢。

为了调动工人的积极性，施工方实行“4分钱奖金”的新制度方案，即完成每天55车定额，每车奖2分钱，超额每车奖4分钱。算下来每个工人每天大概能多挣一块多钱，大大超过了国家对于奖金总额的限制。工人们铆足了劲儿，在工地上干得热火朝天。

思考笔记

但是，相关部门认为这个奖金制度是倒退，并以“纠正滥发奖金的偏向”为由，勒令停止。这一停，工人们又开始磨洋工，施工速度越拖越慢。袁庚很着急，第一时间去现场调查，为继续执行奖金制度想尽办法。

1980年5月，他向交通部、国务院进出口管委会、广东省委特区管理委员会提交报告，指出搞平均主义，吃“大锅饭”的倾向不能调动广大建设者的积极性，已成为工业区建设的障碍。工业区应根据实际情况，采取灵活措施，实行特殊政策，坚持和推广前段时间实行的搞定额制、超额增加薪酬等行之有效的做法，加快蛇口工业区建设。

此外，他还请来新华社的记者调查此事，写成了新华社国内动态清样，引起中央领导的高度重视，并得到总书记的亲笔批示。很快，超产奖励制度开始重新执行。最终工程提前一个月完成，为国家多创产值130万元。

（来源：《北京日报》，作者宋明，原标题为“‘4分钱奖金’为何会惊动中南海？”）

思考笔记

第四节
企业管理变革方法概述

企业管理变革，小到改变打卡制度，大到导入股权改革、组织变革、流程再造、ERP变革等，都是需要方法的。

现以导入ERP为例进行说明。很多企业都导入过ERP，那么导入成功了吗?

不是泼大家冷水，基本上80%以上的导入ERP的企业都是失败的。

有人问，大部分企业导入ERP不成功，是软件问题吧?大部分情况下，还真不是软件不好，也不是企业没有这个能力，是企业不了解导入ERP的方法，其实导入ERP也好，导入管理变革也好，底层逻辑是一样的。

导入ERP相当于把整个企业的流程和机制嵌入软件中，某个地方卡住了，所有地方都可能被卡住。

在ERP的导入阶段，经常会有使用部门说："哎呀，这个软件不行，不好用，太复杂了，还没原来的好呢。"高层管理者不是软件的具体使用人，也不清楚软件行还是不行，说的人多了就变成ERP真的不行了。然后呢，软件还没开始

思考笔记

使用，就被废掉了。

企业进行管理变革也是同样的道理。改革改的是什么？变革变的是什么？变成什么？为什么比较难？

管理变革改变的是人的习惯，原来员工按照一种方式工作，现在要按照另外一种方式工作。员工感觉企业就是在瞎折腾，就是给自己增加工作量，添麻烦。

导入ERP的目的是让工作更轻松，效率更高，结果导入以后，工作反而变得复杂了、麻烦了，所以员工反对。尽管多数员工反对，但是不会直接说明，只是告诉管理者这里不好用，那里不好用，最后高层管理者得出一个结论，这个软件不行。

作为管理咨询顾问，笔者经常见到很多公司换完金蝶换用友，换了用友换金蝶，就这么来回折腾。

其实，不管金蝶还是用友，本质上没有区别，关键是看企业如何使用，管理变革的导入也是一样。

多数企业变革管理时，员工会经历以下心理变化过程（见图52）：

思考笔记

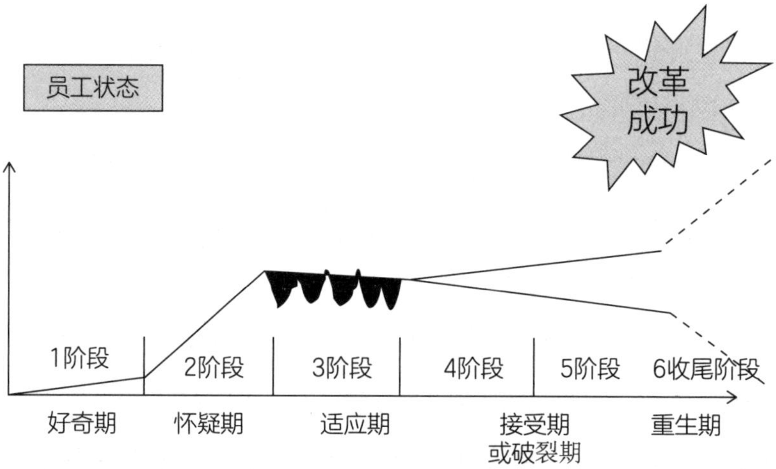

图52 员工心理变化过程

因此在导入管理变革前，企业必须对员工进行宣导和思想教育，重点宣导的是导入管理变革给员工带来的好处。

变革当中最大的阻力是什么?

变革重要吗?

为什么大家都知道变革重要，还抗拒变革呢?

如果问员工这个问题，几乎每个人都会回答“是的，变革很重要”，但是当变革真的来临了，员工又情不自禁地抗拒起来。

企业经营就是这样，说是一回事，做又是另外一回事。

为什么企业的问题，必须要用变革的方式来解决呢？企业能不能自然变好？绝大部分企业是不可能自然变好的。

根据牛顿第一运动定律，任何物体在不受任何外力的时

思考笔记

候，总保持匀速直线运动状态或静止状态，直到有作用在它上面的外力迫使它改变这种状态为止。

因此，企业在没有外力推动的情况下，本身的问题可能不会得到解决。这也是越来越多的企业寻找外部管理咨询机构协助变革管理的原因。

变革肯定要解决原来的顽疾，想变得更好，“有病”才要变革。如果现在已经很好了，是不是不需要变革呢？正常来说，没有哪家企业是完美的，企业跟人的身体一样，有病了就要调理。身体要定期体检与保养，企业时间长了可能会出现有以下病症：

“痴呆症”，缺乏战略，盲无目标；

“暴食症”，盲目投资，四处扩张；

“血栓症”，沟通不畅，协调困难；

“白血症”，人心涣散，人才流失；

“肠梗症”，流程混乱，工作不畅；

“肥胖症”，组织臃肿，机构复杂；

“富贵症”，贪图享受，不思进取；

“早衰症”，未老先衰，短命夭折。

彼得·德鲁克说过，动荡的时代，动荡本身并不可怕，可怕的是延续过去的逻辑。这就是为什么要变革的原因，当环境变了，逻辑思维没有变，这就是最可怕的事情，所以企业不要沿用过去的逻辑来处理现在的事情。

思考笔记

第五节
管理变革最佳实践案例——华为变革

据统计，中国中小企业的平均寿命是2.5年，中国集团企业的平均寿命是7—8年，欧美企业的平均寿命为40年，日本企业的平均寿命达到58年。

任正非曾专门去日本考察，得到另外一组数据。根据2015年年末东京商工研究机构大调查的结果，日本有21666家企业超过150年。2016年有4850家企业满150岁。到了2019年更是有7568家企业满150岁。

中国超过150年历史的老字号企业有六必居、张小泉、陈李济、同仁堂、王老吉等5家。

如何像日本企业一样基业长青是任正非一直在思索的问题。

在华为创立后的30多年，绝大多数时间华为都保持非常低调的发展态势，有些竞争对手更是直言："华为几乎是在所有人都没有关注的情况下，一眨眼就跑到了我们面前。"

这么多年来，华为为了发展做了哪些变革呢？

第一，华为领导架构的变革。

思考笔记

1998年以前，华为实行的是任正非单一领导下的直线组织架构。

1998—2003年，华为实行的是任正非单一领导下的二维组织架构。

2003—2011年，华为实行的是经营管理团队下的矩阵架构。

2011年至今，华为实行的是轮值CEO下的矩阵组织架构。

第二，华为人力资源体系的变革。

1991年以前，华为采用基础人事管理。

1992—1997年，华为实行人力资源管理。

1997—2005年，华为实施战略性人力资源管理。

2006—2010年，华为实行国际化人力资源管理。

2010—2016年，华为实行员工赋能管理。

第三，华为研发管理的变革。

1991年以前，华为主要从事代理贸易。

1991—1994年，华为建立非正式的研发管理系统。

1995—1998年，华为建立正式的研发管理系统。

1999—2004年，华为引入IBM的IPD变革。

2005年至今，华为建立全球研发管理体系。

华为每年的管理变革的投入是固定的，每年华为在管理培训上的费用约占销售额的2%，研发费用约占销售额的15%。

思考笔记

大部分企业的会计报表中是不是都包含变动费用和固定费用呢？企业变动费用的投入，如产品、促销等相关的费用投入，投入的是当下，一般投入可能就会得到回报，投入和产出是比较清晰的。但是，大部分企业的固定费用花不好，以至于就不花了，这是大错特错的。不开展管理培训，不投入研发，那企业还有什么未来呢？这些费用的投入，可能就是一家伟大企业和一家普通企业的区别。

赚钱靠机会，花钱靠智慧；赚钱相对容易，花钱相对难。所以，企业的核心竞争力就藏在它花钱的费用报表中。

钱投入哪里，产出就在哪里，中小企业不仅要学习华为如何花钱，更要学习华为管理变革的方法。

在IBM给华为做IPD改革前，对华为当时的管理做了调研，调研后发现华为存在以下问题：

· 缺乏准确、前瞻的客户需求关注，反复做无用功，浪费资源，造成成本高；

· 没有跨部门的结构化流程，各部门都有自己的流程，但部门流程之间是靠人工衔接，运作过程割裂；

· 存在本位主义，部门间存在部门墙，各自为政，造成内耗；

· 专业技能不足，作业不规范，依赖“英雄”，这些“英雄”的成功难以复制；

· 项目计划无效，项目实施混乱，无变更控制，版本泛滥。

思考笔记

华为，1987年在深圳成立。成立之初，是一家做交换机的贸易公司。发展到1997年，公司存在很多问题。但是，也就是从1997年开始，华为走上了强大之路。

在管理变革这件事情上，任正非是睿智的。华为发展如此之快，与任正非善于利用外部咨询机构的智慧以帮助公司成长是分不开的。

关于管理变革，任正非总结，一切听老师的。

因为在IPD研发管理变革方面，IBM是老师，是专业的，也是有经验的。请老师，请的就是老师的经验，让自己少走弯路。

任正非说，不服从老师，不听老师话的，耍小聪明的，要降职降薪处理。华为请IBM作为咨询顾问，信任在前，请进来又不信任，还不如不请。

请咨询老师还有一个好处就是节省时间。正常来说一家企业想要学习先进的管理经验有很多渠道，如看书、参观、交流、培训等。只要自己花点时间，天天研究也是可以成功的。但是，这种成功的概率有多高？会消耗掉多少时间？请老师的目的就是缩短成功的时间，因为市场不会等你，你的团队也等不起。

整个管理变革的过程，并不是完全听老师的，重点是企业高管层要经常与老师交流。专业老师的强项是拥有某个方向的专业系统的管理知识与丰富经验；企业高管的强项是拥

思考笔记

有行业与公司的专业领域知识与丰富经验，所以专业老师的长板与企业高管的长板联合，一个高效、稳健的管理变革才会取得比较理想的效果。

曾子说，用师者王，用友者霸，用徒者亡。

任正非的思维方式是用师者王的思维方式，借用比他能力更高的人的能力，而不是自己研究，靠自己研究明白要等到何时呢！从1997年开始，华为的IPD研发管理变革项目前后花了近5000万美元（约人民币3亿元），耗时近5年。当年IBM的咨询顾问是按小时收费的，一个小时500美金，项目什么时候结束取决于华为变革措施的落地和执行效果。措施落地和执行的时间越慢，IBM收取的咨询费用就会越高。

不要看费用高不高，而要看这笔费用花得值不值。

因此，中小企业想要发展，老板选择高管时，不要谁要求的薪水少，就聘用谁。不要怕花钱，关键看钱花得值不值。不选择比自己能力差的人，企业发展可能面临的瓶颈才会少，反过来，企业的天花板就是老板，最会干活的老板是中小企业的悲哀。

作为企业的董事长也好，总经理也好，能力过于强大的企业高管从长远来看不见得是件好事，大树底下不长草。企业发展到一定阶段，企业高管不是向前冲，而是要往后站，站在团队成员的后面给他们赋能，为他们加油、助威。

管理变革，跟治病一模一样。

思考笔记

扁鹊，大家都知道他是神医。扁鹊治病有“六不治”：傲慢无礼、刁钻蛮横者不治；重财轻命者不治；疑信不决者不治；不遵医嘱且不能坚持者不治；病重身体极度虚弱者不治；超出自己能力的病不治。

扁鹊告诉徒弟：信者医之，不信者不医！

徒弟不解：医生不就是救人的么？

扁鹊认为，信者，患者本人意愿强烈，配合治疗，身体机能恢复快；不信者，又怎么能配合治疗？

任正非说，管理变革就是要先僵化后变化，一切听顾问的，任正非的逻辑和扁鹊的逻辑是一样的。

“先相信，后看见”是宇宙吸引力法则。曾仕强教授曾说过，所谓的吸引力法则就是心想事成。

稻盛和夫曾说过，心不想的，不会靠近。

在大方向正确的前提下，变革原则：先相信，后看见，听话照做，必有收获。

先相信，后看见，就是积极心理学。所以，管理变革首先是选择正确的、经过验证的管理变革方案，其次是企业听话照做。

一边怀疑一边做管理变革大概率是不会成功的。

华为管理变革第一条原则：先僵化，后优化，再固化。

关于管理变革，任正非曾说过，5年之内不允许进行幼稚创新，顾问们说什么，用什么方法，即使认为不合理，也

思考笔记

不允许你们动。5年以后，把系统用好了，可以授权你们进行局部改动。至于结构性改动，那是10年以后的事。

你可以不相信自己，也可以不相信他人，请你相信专业。

华为管理变革第二条原则：小改进大奖励，大建议只鼓励。

任正非说，华为不是一个激进主义者，而是一个改良主义者，主张不断地进步。

一位新员工进入华为公司以后，很快就给任正非写了一份万言书，大谈改革的内容和手段，涉及华为公司的战略、运营、流程等方面。任正非看完以后直接做出批示："此人如果有精神病，建议送医院治疗；如果没病，建议辞退。"

做企业不要总想着一夜暴富。

贝佐斯问巴菲特，他一直公开他的投资原则，而且也不是很难，那为什么没有几个人能学会并赚到钱呢？

巴菲特回答，因为没有人希望自己慢慢变得富有。

做企业不要天天想着改变商业模式，颠覆行业，制订出伟大的战略等。

按照稻盛和夫的阿米巴经营逻辑和原则，要从最小的地方着眼，从最小的地方进行改进。比如，让员工都开心一点，见面就给一个大大的拥抱；开会的时候，大家都不玩手机，这都是公司的小事。

管理变革往往都是先从最小的地方开始，拔起萝卜带出

思考笔记

泥，最终改变企业的命运。

小改进大奖励，就是每一天，每一个部门，每个人解决一个一个小问题，每天改进一点点，企业就会有进步。

许多企业请咨询公司的心态不对，像极了平时对待供应商的态度，“老师，我们最近业绩不行，您看要多久能帮我们业绩翻番啊？”

企业高管层的思维要调整过来，聘请咨询公司的目的是要掌握经营管理的技能，学习经营管理企业的方法。这些技能和方法是无价的，是能够支撑企业业绩和利润增长的基石。

管理咨询公司的本领，你用得好，它是无价的；你用不好，一分钱都不值。

华为管理变革第三条原则：反对完美主义。

任正非说：“世界是变化的，永远没有精致完美，根本不可能存在完美，追求完美就会陷入低端的事务主义，越做越糊涂，把事情僵化了。做得精致完美，就会变成小脚女人，怎么冲锋打仗？以前我认为跳芭蕾舞的女孩是苗条的，其实却是粗腿，腿很有力量的，脚很大的，是以大为美。华为为什么能够超越西方公司，就是不追求完美，不追求精致。”

我们要反对完美主义，但是我们要精进主义，我们要成长主义。成长比成功更重要，我们要的是成长，我们要的是每天进步。

这个世界上本来就不存在绝对完美的东西，所以我们要理性看待完美。

思考笔记

第六节
管理变革的八大步骤

约翰·科特在变革与企业经营的关系方面有大量著述。他在《领导变革》和《变革之心》两本著作中，将变革理论阐述得淋漓尽致，并总结出八大步骤。

笔者根据约翰·科特的变革理论，进一步总结了管理变革八大管理系统（见图53）。

图53 管理变革八大管理系统

1. 要形成紧迫感

管理变革的导入不能松松垮垮的，不能今天导入，明天休息，后天就不搞了，不能三天打鱼两天晒网。不能够形成

思考笔记

改革紧迫感的理由也有很多，如手头上工作忙、节假日等，员工会说能不能等两个月再变。

任何变革都有自身的节奏，如果没有做好准备，干脆就不要开始。管理变革，走走停停松松垮垮，没有紧迫感，效率会大打折扣，最终结果可能是不尽如人意。

所以，企业要安排好管理变革的节奏，合理安排好时间。当企业处于淡季时，可以多花点时间在管理变革上，处于旺季时，可以少花点时间在管理变革上，但是不能不花时间进行管理变革。

2. 建立管理变革组织

华为在进行IPD管理变革期间，组建了变革指导委员会，安排一部分核心高管全职做IPD管理变革。

管理变革组织成员一般分为两类：一类是企业内相关中高管，另一类是项目专家或老师。

中小民营企业的一把手必须是整个管理变革组织的负责人，也就是说管理变革成功或不成功，一把手要直接负责。

企业的中高管可以是管理变革的执行层，但是企业的一把手必须亲自参与变革，每次开会，每次培训，一把手必须要参加。管理变革需要进行大量研讨与做出许多决策。决策正确才是整个管理变革导入的最关键的一环。

3. 设计变革方案

首先，管理变革的首要问题就是确定变革的目的和目标。

思考笔记

其次，确定管理变革的方式。

再次，明确管理变革的内容、流程和步骤。

最后，明晰管理变革过程中需要的资源。

4. 宣导变革方案

公司做管理改革，能不能动员好员工，让员工充分意识到管理变革对公司和个人的意义是管理变革成功的关键。

在宣导变革、动员员工的过程中，企业的管理变革组织或者高管层要发挥冲锋在前、以身作则的作用，说得好不如做得好，带头理解和支持变革工作能更好地动员员工。

5. 创造短期收益

约翰·科特主张用“目睹—感受—变革”的变革基调，替代“分析—思维—变革”的传统基调。

为什么大部分企业变革都以失败告终呢？因为企业管理变革难。变革从来不是一蹴而就的，是长期的，而且成果的呈现是有反应弧长的。尤其在管理变革初期，变革效果没有显现出来，并且需要员工大量付出，员工就会越来越没信心，越变革越焦虑，最后变革到让自己怀疑人生。从人性上说，管理变革对大部分员工是一种考验。

所以，创造变革短期收益成为变革能否持续下去的关键。

进行管理变革时，企业要让员工相信：星星之火可以燎原，相互搀扶，坚持着走下去。

思考笔记

6. 扫清变革障碍

“触动利益，比触动灵魂更难。”

企业管理变革势必会触动一部分人的利益。因此，企业管理变革路上，清除障碍，让变革畅通无阻，是极为重要的一环。

7. 巩固变革成果

管理变革过程中取得阶段性成果后，企业应该趁机扩大战果。

华为在IPD改革初期，很多员工认为整体流程比较复杂，降低他们的工作效率，增加他们的工作量，认为IPD不适合华为。

这一场景是不是有些眼熟？大部分企业在管理变革初期都会出现类似情况，这是正常的，因为员工习惯过去的工作流程，对新的流程和工具还不适应，会有排斥心理。

这个适应过程就像从使用微软系统的笔记本电脑改为使用苹果笔记本电脑的经历一样，操作系统不同，电脑使用起来的感受也是不同的。刚刚切换苹果系统电脑的用户，通常的感觉是苹果电脑太难用了，但是用过一段时间后，就会发现，“用起来还行！”

华为在IPD改革初期，一部分员工认为，IPD降低了他们的工作效率而不是提升工作效率，这是因为他们还没有适应IPD，IPD也在调试、调整，甚至优化过程中。华为的部

思考笔记

分员工还认为，IBM的研发系统只适合国外，不适合中国，因为这套系统是美国的，它不适合中国的国情，而且中国也从没有企业用过。

假如你的企业在做管理变革，员工有这种反馈，你会怎么做呢?

我们先来看看任正非是如何做的。

任正非说，想要进步，必须要削足适履。

削足适履，就是鞋小脚大，把脚削去一部分以适应小鞋，也就是先僵化后变化的管理变革思维。

不换思想就换人，IPD的改革成功与任正非坚定不移的信念有莫大的关系。

做改革必须要有大心脏!

所以，企业对管理变革要实行项目制节点管理，形成阶段性成果，对每一个阶段实施总结与复盘，并对改革成果予以正向激励。

企业管理变革就像是泰式按摩，一开始很痛，后面就会很舒服。

8. 形成企业文化

市场环境是变化莫测的，因此企业管理不可能一成不变。

阿里巴巴企业文化的核心价值观之一就是拥抱变化。拥抱变化主要体现在五个层面。

第一，适应公司日常变化，不抱怨。

思考笔记

第二，面对变化，理性对待，充分沟通，诚意配合。

第三，对变化产生的困难和挫折，能自我调整，并正面影响和带动同事。

第四，在工作中有前瞻意识，建立新方法、新思路。

第五，创造变化，并带来绩效突破性的提高。

这五个层面存在由易到难的递进关系。在阿里，随便问问任何一个老阿里人，几年内换七八个部门、十几个领导都很正常。

变革取得成功后，组织需要通过建立一定的企业文化来巩固变革成果，以企业文化来培养组织共同的价值观，推进变革活动的深入。

思考笔记

第七节
管理变革的三大基本原则

管理变革三大基本原则如图54所示。

图54　管理变革三大基本原则

1. 基本原则一，循序渐进

管理变革要掌握度，不能过激，不能速度太快，但也不能太慢，拖拖沓沓。

管理变革就像炒菜，掌握火候很重要。

管理变革就像开车，要根据实际情况“给油”或“刹车”。

管理变革就像弹钢琴，节奏很重要。

管理变革又像微风细雨，悄悄潜入夜，润物细无声。

2. 基本原则二，整体大于部分

俗话说，大河无水小河干。

思考笔记

管理变革的目的是1+1＞2，是让整个集体和团队变得更强，而不是某个人或某部分人获利。

3. 基本原则三，合作大于竞争

罗振宇曾在演讲中说过，“分工产生效率，协作导致繁荣。”

分是表象，合才是目的，企业管理变革的最终目的是把整个公司的人团结在一起，应对市场竞争。

我们应该用什么样的心态面对管理变革呢？管理变革绝对不是小朋友的“过家家”，不是轻轻松松能完成的。若非一番寒彻骨，哪得梅花扑鼻香？

毛毛虫要蜕变成蝴蝶，需要经历多少自我割裂的瞬间？！

大家要清醒地认识到变革是很辛苦的，会增加大家的工作量。因为增加了日常工作之外的工作，算了，不搞了，这也是一种选择。只不过这种选择需要企业在决定变革之前做出，一旦大家达成企业需要变革的共识，请大家“痛并快乐着”，并“跪着走下去”。

变革虽然很苦，但也可以很快乐。

“痛并快乐着”是企业管理变革的追求。

痛是痛了，还有什么可快乐的呢？有一种收获的快乐，有一种成长的快乐，有一种充实的快乐。如果你能通过管理变革，帮助公司解决某些长期存在的“顽疾”，你快不快乐？

笔者辅导过一家公司，公司有三位股东，其中一位股东

思考笔记

分享她负责的后勤工作，在仓库工作的员工大部分是大叔或大妈，工作心态就是拿一份钱干一分活，不抗拒，但也不主动。培训老师去企业辅导后，她发现仓库的员工居然主动找活干，主动打扫卫生，主动擦桌子。

她特别感动，从管理公司角度说，员工能从不为公司着想，到能够主动承担工作，这是一种质的飞跃。虽然这个变化看起来很小，却非常值得称赞与宣导。企业可以利用早会或月会，对主动改变的部门给予表扬，鼓励员工每天、每周、每月进步一点点。如此一来，管理变革就会越变革越有动力。

企业管理变革，不一定业绩翻番才算成功。

企业抓住“因”，自然就有了“果”。只要企业的“人”发生了变化，企业就会实现可持续的变化，完成一场成功的变革。因为“因”对了，“果”肯定不会差，人对了，事情肯定不会差。

管理变革是“练内功”。

“物必先腐也，而后虫生之。”任何事物的腐烂都是从内部开始。当然，任何事物的发展，也必将从内部开始。

练内功，就不要想着一蹴而就，欲速则不达。

企业变革管理，就像小朋友长身体。你能说一个小朋友吃一顿饭长多少斤吗？只有坚持，坚持每天吃饭，三五个月之后，称一称，发现这个小朋友的体重变化了。

思考笔记

所有内功都是以“润物细无声”的方式练成的，企业因此在不知不觉中进步了。

那企业管理变革具体应该如何落地呢？笔者辅导企业做管理变革的经验可以分享给大家。企业在管理变革期间，至少每个月做一次总结，然后宣导给全体员工，“你看企业已经取得这些成绩了，再加加油，再努努力，我们还可以做得更好，有更好的变化。”有些变化是数据的变化，有些是人心的变化，有些是效率的变化，宣传变化就是宣传管理变革带来的正能量。这样的宣导可以让全体员工看到企业的变化，鼓励员工坚持改变。

缺少总结和宣导，员工不了解变化，可能会出现抱怨，如“领导，你看，这里的工作量增加了，那里的工作量也增加了”“你看两个月过去了，我就没发现一点变化”。如果一个员工这么说，高管层可能不会动摇，如果还有第2个人、第3个人、第4个人……跟高管层说类似的话，高管层还会像原来一样坚定变革吗?

做管理变革的总结，是为了宣导，宣导就是沟通，就是信息透明，就是达成共识，最终达成目标。

管理变革总结的形式可以多种多样，如PPT汇报、公司内刊、公司群、公众号文章等。

思考笔记

第八节
管理变革的十大雷区

企业管理变革十大雷区如图55所示。

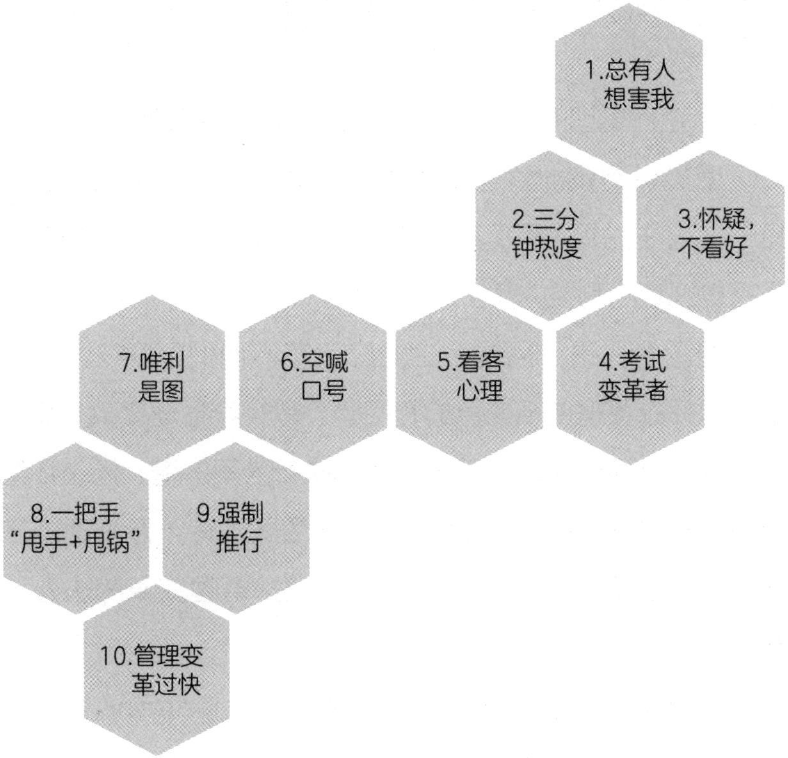

图55 企业管理变革十大雷区

思考笔记

1. 企业管理变革十大雷区之一：总有人想害我

有些员工会这样想："企业搞变革，那么高管层都是'资本家'，肯定想坑我，压榨我。"或者想："其他部门的一些提议和方案，肯定是对我不利的。"

2. 企业管理变革十大雷区之二：三分钟热度

企业管理变革初期，大部分员工出于好奇，开始比较积极，但是随着变革的深入，可能逐渐失去了热情。企业管理变革组织的成员，必须预估到这个情况，并做好管理变革的工作计划。

3. 企业管理变革十大雷区之三：怀疑，不看好

上文说到企业管理变革的一个原则是"先相信，后看见"。人往往是先看见后相信的，越是基层员工越是如此，越是重视短期利益的员工越是如此。

要想解决这个问题，企业应该知道他们到底在怀疑什么，是怀疑管理变革的目的和初心，是怀疑管理变革方案的可行性，是怀疑管理变革方案落地执行人不靠谱，还是怀疑管理变革过程的信息不透明……纵然员工有十万个理由来怀疑管理变革的效果，企业仍然要坚持管理变革的决心不动摇。

实行企业管理变革的秘诀就是沟通，除了沟通还是沟通，变革前需要宣导，变革过程需要总结，变革后需要庆功，无沟通不变革。

思考笔记

4. 企业管理变革十大雷区之四：考试变革者

企业管理变革的目的是让大部分员工变得更好，走得更远。

管理变革一旦成为对某些推动变革者的考试，企业管理变革成功的概率可能进一步降低。管理变革本身就是一场艰苦的战斗，需要全体员工团结一致才可能成功。

因此，企业管理变革对推动变革的高管层或者外部咨询机构人员来说是巨大的考验，需要企业领导者鼎力支持，而且给予坚定不移的信任。

5. 企业管理变革十大雷区之五：看客心理

站着不动，永远是观众。让自己成长最快的方式之一是“躬身入局”。企业在管理变革过程中不可能预估到所有问题或者困境，难免会走弯路，这个时候需要大家集思广益，而不是“掐腰看笑话”。

6. 企业管理变革十大雷区之六：空喊口号

企业管理变革往往比较容易陷入“雷声大雨点小”的境况。满墙的标语不如一次小小的执行。

企业管理变革的宣导和方案非常重要，变革的落实更加重要。

管理变革成功=好的方案×好的宣导×好的执行。

7. 企业管理变革十大雷区之七：唯利是图

不是每一项管理变革都能精准地衡量出投入和产出，变

思考笔记

革要有目标，但不要太过功利。

8. 企业管理变革十大雷区之八：一把手“甩手+甩锅”

某些中小民营企业老板，经常引入或学习一套系统或管理模式，然后就交给总经理助理或人力资源经理去处理，老板成了“甩手掌柜”，如果企业管理变革不成功，就会把责任推给执行人。

9. 企业管理变革十大雷区之九：强制推行

企业没有做任何的宣导，也没有对员工做任何思想动员工作，企业管理变革的落地往往不会太好。

大部分企业的管理变革是从上而下的变革，即高管层出方案，基层来执行。高管层知道企业为什么要变革，但是基层不清楚，甚至可能往坏的方面想，落地怎么可能执行得好呢？

10. 企业管理变革十大雷区之十：管理变革过快

管理变革就像开车，转弯过快，容易翻车。

拔苗不但不能助长，反而会损害秧苗。

最后，向所有敢于实行管理变革的“战士”致敬！

管理变革要敢于向自己开炮。

管理变革要敢于向竞争对手学习。

思考笔记

参考文献

[1] Denton Carson. 向蚂蚁学习[M]. 李志敏，卜祥，译. 北京：中国商业出版社，2004.

[2] 罗伯特·迪尔茨. 集体智慧：创造生生不息的合作[M]. 伍立恒，译. 广州：广东旅游出版社，2019.

[3] 欧德张. 铁军团队：阿里巴巴强悍之道[M]. 北京：中信出版社，2020.

[4] 罗德·瓦格纳，詹姆斯·哈特. 伟大管理的12要素[M]. 宋戈，周曼，王复梅，译. 北京：中国青年出版社，2016.

[5] 李书玲. 组织成长论[M]. 北京：机械工业出版社，2017.

[6] 李书玲. 组织设计：寻找实现组织价值的规律[M]. 北京：机械工业出版社，2016.

[7] 黄继伟. 华为内训[M]. 北京：中国友谊出版公司，2016.

[8] 吴晓波. 历代经济变革得失[M]. 杭州：浙江大学出版社，2016.

[9] 吴晓波，约翰·彼得·穆尔曼，黄灿，等. 华为管理变革[M]. 北京：中信出版社，2017.

[10] 约翰· P. 科特. 领导变革[M]. 徐中，译. 北京：机械工业出版社，2021.

[11] 约翰· P. 科特. 变革的力量[M]. 王雯潇，译. 北京：中信出版社，2019.